Réparer le futur

Inès Leonarduzzi

Réparer le futur

Du numérique à l'écologie

Éditions de L'Observatoire

ISBN : 979-10-329-1616-2
Dépôt légal : 2021, février

170 *bis*, boulevard du Montparnasse, 75014 Paris

À celles et ceux pour qui l'avenir compte,
Aux miens, mon monde.

« Je rêve de nul ciel sinon celui qui m'entoure. »

Henry David Thoreau

Introduction

Hong Kong, 2009. Facebook existe seulement depuis trois ans, et le numérique ne cesse de permettre des avancées fabuleuses. Moi, c'est l'art qui m'intéresse. L'art donne à voir une vision du monde, une autre réalité. Il me vient alors l'idée, avec deux amis, d'associer l'art au numérique. Nous créons Rouge Moon, une jeune entreprise spécialisée dans la vente d'œuvres d'art par l'expérience immersive : les collectionneurs découvrent des univers artistiques au moyen de la réalité virtuelle. Mon travail consiste à sélectionner des artistes – venant de Minsk, de Lisbonne ou encore de Buenos Aires (qui acceptent de voyager sur des vols low cost et de dormir dans notre deux-pièces à Wan Chai). Une époque formidable !

J'ai grandi en Normandie, au bord d'une rivière, à la lisière d'une forêt. Hormis admirer la nature, il n'y avait pas grand-chose à faire. Je m'en tenais aux longues balades à vélo et aux livres qui traînaient. Jusqu'au jour où on a installé un ordinateur dans le bureau de la maison. On est alors en 1998, et en bas débit. C'est-à-dire qu'il faut choisir entre téléphoner et se connecter à Internet. Du haut de mes 11 ans, je comprends très vite ce qu'il se passe : je vais pouvoir faire mes exposés et devoirs en un rien de temps. Notre maîtresse, qui a refusé d'évoquer le sujet en classe, prétextant qu'Internet était un gadget abrutissant, n'a qu'à bien se tenir. J'ai choisi mon camp. En plus de mes recherches scolaires, avide de découvertes, je remets ça, chaque nuit. Quand tout le monde dort, telle Pomponette dans *La Femme du boulanger*, je quitte lit, doudou, BD de chevet et descends, la couette sur les épaules, retrouver mes amitiés virtuelles, mes jeux en ligne et mes musiques.

J'appuie sur le bouton de l'unité centrale. L'écran réagit, et, lentement, il prend vie. Le calculateur étale des lignes de code comme on s'étire après un bon sommeil. Mes yeux suivent frénétiquement chaque mouvement qui apparaît sur l'écran. Je m'apprête à goûter au monde sans même bouger du fauteuil. Pour la préadolescente que je suis, c'est encore mieux que *Retour vers le futur*. « Trop cool ! » je me dis. Je m'apprête à vivre une expérience encore inconnue pour une grande partie du monde : surfer sur Internet, voyager à une vitesse d'environ soixante kilo-octets par seconde. Je clique sur l'onglet *e*. Explorer. Mes doigts pianotent sur le clavier. C'est fou comme c'est addictif. Je clique partout, avec toujours plus de frénésie, plus d'assurance. Je recherche sur le moteur Yahoo ! à peu près tous les mots que je connais, et navigue comme une capitaine de bateau sur l'immense étendue de l'information.

Rapidement, je deviens une voyageuse intrépide. Je fricote avec Hotmail, une start-up née en 1996 qui a le vent en poupe, et qui sera rachetée, un an plus tard, par Microsoft. Je clavarde sur CaraMail (le seul portail web de conversation fondé par une femme française). Mais je n'y perds pas trop de temps, la nuit passe vite, et mes amis m'attendent sur MSN. Dans ces lieux virtuels, je rencontre le monde, découvre des villes, des noms, des visages et des paysages. Cette année-là, vous n'imaginez pas les progrès considérables en anglais qu'ont été les miens. Y'a pas à dire, rien n'est plus beau que la lumière, même quand elle est bleue. Là, je vous parle d'un temps où quelque cinq millions de foyers français qui ont accès à Internet ignorent ce qu'est le wifi. Je vous parle d'un temps que les moins de vingt ans, hélas, ne peuvent pas connaître.

Après Hong Kong et les artistes, je rentre en France, où je continue d'étudier, et décroche un CDI. Mais rester au même bureau chaque jour me pèse et même si je l'aime, Paris est trop bétonnée pour moi. L'appel de la liberté et de la nature est trop fort. Je fais alors le choix de devenir ma propre patronne et reprends les routes du monde avec, pour bagage, un Mac, des idées qui doivent faire gagner de l'argent à mes clients et l'envie de comprendre ce que j'ignore encore. Je pérégrine de la Californie à Istanbul, en passant par Tallinn, Amsterdam, Montréal, São Paulo... La Terre devient ma maison. Je travaille depuis un coffee shop à Ubud, le *Posto 9* à Ipanema ou encore l'appart d'un copain à Bangalore. Et j'en prends plein la vue. Sur cent personnes rencontrées, je découvre cent façons de penser. Je forge celle que je suis en train de devenir. Heureusement, les contrats ne se font pas attendre. Mon travail est multiple : dispenser des formations au numérique, réaliser des veilles concurrentielles, superviser le développement de produits innovants, et ce dans des univers aussi divers que la mode, l'énergie, l'automobile, la finance ou le milieu juridique. Il m'arrive aussi de gérer la communication numérique de chefs d'entreprise ou des personnalités politiques, un monde qui m'était encore inconnu. Et le reste du temps, je lis. Quand un article décrit les contours d'une nouvelle technologie, j'y vois des dizaines de cas d'usage pour différentes industries. Car le numérique, il y a encore quelques années, était une religion en laquelle il fallait croire avec ferveur, en suivant à la lettre les préceptes reçus de la Silicon Valley, sans les remettre en cause. Impact environnemental, cognitif ou sociétal : combien étions-nous à prendre du recul sur les technologies numériques ? Tout franchement, je n'en faisais pas encore partie.

Les technologies numériques sont vectrices de progrès, au même titre que l'art. Ma vision des choses n'a pas changé depuis mes débuts en Asie. En revanche, j'ai progressivement pris conscience qu'elles n'étaient pas toujours utilisées de la meilleure des façons, au vu du progrès considérable que nous sommes en droit d'attendre (environnement, conflits, égalité, famine, agriculture, etc.). C'est ainsi que j'ai modifié ma façon de faire et, au passage, toute ma façon de vivre. Suivre le rythme effréné de l'innovation ne m'intéressait plus. Je voulais œuvrer pour un numérique au service du plus grand nombre. Pour cela j'ai dû défricher des chemins, tenter des propositions – bref, me mettre en danger. Il m'a fallu observer ce qui est laid (ou tend à le devenir) pour me convaincre que la beauté est encore ce qu'il y a de mieux.

Contrairement à ce qu'on pourrait penser, il n'y a pas une si grande distance entre l'art et l'engagement. En fait, il n'y en a quasiment pas. « Beau » et « bien » ont originellement la même racine[1]. Les Grecs distinguent ainsi le beau de l'esthétique. Un verre bien rond, parfaitement

1. *Kalos* signifie en grec ancien « beau ». Dans la seconde partie du ve siècle av. J.-C., on utilise souvent la locution *kalos kagathos* pour désigner une personne à la fois belle et bonne.

soufflé et au pied fin, est esthétique. Il devient beau quand, rempli de bon vin, il est offert à quelqu'un[1].

Qu'est-ce que le beau sinon la quête des choses justes ? Et à quoi bon le progrès, si l'on progresse mal ?

L'écologie numérique

Ces questions ont présidé à la création de Digital For The Planet. J'ai donc cherché à associer le numérique à l'écologie. Ce mot, né en 1866, sous la plume du scientifique Ernst Haeckel, désignant, à son origine, l'étude des milieux et des organismes qui les constituent : *oïkos* et *logos*, deux mots grecs associés, signifiant « maison » et « science ». Cela a donné la science de l'habitat.

Au Guildhall Museum de Londres, où je suis invitée à intervenir en 2018, on me présente à une poignée de mécènes. J'indique alors que j'ai fondé une ONG. Une femme, impressionnante par sa taille comme son titre, que j'ai manqué de retenir, m'arrête et me reprend : « Vous n'avez pas fondé une ONG, *my dear*, vous avez fondé un mouvement. » J'étais surprise, car, dans chaque sujet que j'aborde, des travaux ont été menés bien avant que je ne débute cette initiative ; certains, il est vrai, plus méconnus que d'autres. Nombre d'ouvrages ont parcouru les effets du numérique sur le comportement ou sur la société. Côté environnement, cela fait une bonne quinzaine d'années que des experts en France et à l'étranger s'intéressent à l'impact du numérique[2]. Mais en 2017, année où je débutais

1. Pensée pour mon ami l'artiste Léo Caillard, qui me donnait cet exemple, lors de notre dernière conversation.

2. L'Ademe (Agence de l'environnement et la maîtrise de l'énergie) a commencé à publier des rapports voici une bonne demi-douzaine d'années. Green IT, présent depuis plus d'une décennie, The Shift Project

mon initiative, ce sujet restait encore confiné dans des entre-soi d'experts : trois Français sur quatre ignorent ce qu'est la « pollution numérique[1] ». Par ailleurs, les plans environnementaux, intellectuels et sociétaux n'avaient encore jamais été liés. C'est là l'essence même de l'écologie numérique : l'interconnexion est primordiale entre les pollutions numériques environnementale, intellectuelle et sociétale.

Cette conviction est renforcée par ce que nous livre l'histoire récente de l'écologie. Arne Næss, dès les années 1960, parle « d'écologie profonde », selon laquelle l'homme ne se situe pas au sommet de la hiérarchie du vivant mais s'inscrit, au contraire, dans l'écosphère, comme une partie de l'ensemble du vivant[2]. C'est cette idée qui permet à Félix Guattari, trente ans plus tard, de théoriser l'approche philosophique de l'écosophie, envisageant l'écologie sous un spectre global : l'écologie environnementale, mentale et sociale[3]. Intéressant ! Sans oublier la « géopoétique », développée à la fin des années 1970 par l'Écossais Kenneth White : une théorie-pratique qui a pour but de renforcer le rapport homme-Terre en s'intéressant aux plans écologique, psychologique et intellectuel[4]. Encore une approche tripartite, donc.

---

et l'Agit comptent parmi ceux qui font un travail remarquable sur la sobriété numérique. Toutes ces personnes n'ont pas manqué de m'inspirer. Greenpeace publie chaque année le rapport « ClickClean ». Il existe enfin des rapports scientifiques, émanant de revues chinoises et américaines, plus ou moins récentes.

1. Étude Occurrence réalisée en juillet 2018 pour Digital For The Planet.

2. Arne Næss, *Écologie, communauté et style de vie*, éditions MF, 2008.

3. Félix Guattari, *Les Trois Écologies*, éditions Galilée, 1989.

4. Kenneth White, « Géopoétique », Encyclopédie de l'Agora pour un monde durable.

Travailler sur la pollution de manière transversale, comme je le propose, n'est pas une méthode très répandue. La pensée occidentale, issue du rationalisme grec, veut que l'on traite les phénomènes les uns séparés des autres. Preuve en est dans la médecine occidentale, où l'on élucide le problème par la disqualification : on ausculte les parties du corps les unes après les autres pour identifier le problème. Pour penser ces problématiques, je m'inspire davantage de la pensée extrême-orientale, où l'on envisage les choses dans leur globalité. En médecine chinoise, c'est l'énergie du corps tout entier qui est traitée, quelle que soit l'origine du problème.

Si elles présentent des caractéristiques différentes, les pollutions numériques environnementale, intellectuelle et sociétale sont interdépendantes. Par exemple, il est difficile de considérablement réduire l'impact de la consommation énergétique des centres de stockage de données avec une législation balbutiante. Il s'agit d'ausculter les défaillances de notre système énergétique et les déséquilibres écosystémiques engendrés (plan environnemental), mais aussi celles de notre appareil politique et législatif (plan sociétal), tandis que le citoyen ne peut avoir voix au chapitre et devenir partie prenante s'il n'est pas au fait du débat (plan intellectuel).

Je définis l'écologie numérique (ou *digital ecology*) comme l'étude des interrelations entre l'humain, la machine et l'environnement. Elle préconise des actions à la fois sociales, économiques et législatives, avec pour objectif la protection de l'humain et de l'environnement. Mais il s'agit aussi et avant tout d'un état d'esprit, nécessaire à la bascule d'une société numérique impondérée à un numérique résilient. Ce concept global, un peu comme une ville, est né du besoin.

L'écologie actuelle est basée sur la transformation profonde des façons de penser, de faire, de produire et de consommer. Le passage à l'écologie numérique implique donc des principes opératoires tels que l'économie des ressources, le réemploi, l'utilisation de matériaux à faible impact environnemental, l'invention de nouveaux matériaux, mais aussi l'éducation et l'implication citoyenne, tout comme la législation. Prenons l'exemple de la restauration de lieux naturels : je suis pour la technologie, ce qui ne m'empêche pas d'aspirer à la préservation d'endroits exempts de toute installation industrielle, y compris de réseaux internet. Cela relèverait d'ailleurs d'un « droit de la nature ». Une telle initiative cocherait plusieurs cases : l'économie des ressources, l'éducation et la législation.

Je crois en la reprogrammation des imaginaires, par l'écriture de nouveaux récits et la décolonisation des mots, quitte à en inventer de nouveaux pour permettre de parler de ce que l'on ressent, ce que l'on vit et ce dont on a besoin, comme l'ont fait, par ailleurs, les artistes new-yorkaises Alicia Escott et Heidi Quante, à travers l'œuvre participative *The Bureau of Linguistical Reality*[1]. Puisqu'on n'apporte pas de solution à un problème avec les états d'esprit qui l'ont engendré, il nous faut un vocabulaire neuf, servant les impératifs d'aujourd'hui.

1. *The Bureau of Linguistical Reality* est une œuvre d'art publique participative, réalisée en collaboration par Alicia Escott et Heidi Quante, qui reconnaissent une perte collective de mots pour décrire les émotions et les expériences que vit notre espèce alors que notre monde change rapidement. Le but était de permettre aux gens d'identifier les sentiments et les expériences pour lesquels ils ne disposent pas de termes afin d'en parler et de créer ensemble de nouveaux mots.

Digital For The Planet, la grande aventure

En quatre ans, avec le mouvement Digital For The Planet, nous avons fait beaucoup de chemin. Ce livre s'en fait l'écho ; il est, entre autres, le tissage des études les plus émérites portant sur le numérique et ses incidences, un humble hommage à celles et ceux qui, depuis près de vingt ans, œuvrent pour faire du monde numérique un lieu plus responsable, mais aussi une transmission de mes nombreux apprentissages. Parfois, on crée des choses qui chamboulent notre vie. Les victoires ne s'obtiennent pas sans dévouement, sans résilience ni convictions. C'est cette aventure qui a marqué mon passage à la trentaine. Époque fantastique où je suis aussi devenue mère : mon fils, mon *invité*, en droit de s'interroger tout autant que de s'émerveiller sur l'avenir.

J'ai écrit ce livre pour lui, mais aussi pour chacun qui souhaitera l'ouvrir. J'ai voulu l'écrire de manière simple afin qu'il puisse aussi s'adresser à celles et ceux pour qui la lecture est un luxe : l'écologie est en premier lieu l'affaire des plus vulnérables. Une façon de rendre hommage aux femmes et aux hommes sans emploi avec lesquels nous avons travaillé, main dans la main, dès le début ; aux personnes réfugiées en France, formées au codage informatique et avec lesquelles nous avons collaboré. Des personnes qui, en somme, ont d'autres priorités que l'écologie, mais qui ont réalisé qu'une planète saine est nécessaire pour une économie inclusive. Tout au long de l'écriture de ce livre, je n'ai pas cherché à convaincre, mais plutôt à créer des courants d'air dans les systèmes de pensée, pour chasser le désespoir confortable dans lequel on se love facilement. À la place, j'ai cherché à défendre ce à quoi nous tenons tous : la liberté et la beauté du monde.

Partie 1

La pollution numérique environnementale

Immatériel, impalpable, nous attendions du numérique qu'il participe de la dépollution. Il était censé être une solution propre, écoresponsable. « *Save the planet, go paperless*[1] », ils disaient. Mais c'est l'inverse qui advient : l'impact du numérique sur l'environnement est bien réel. L'environnement, ce système organisé et composé d'éléments (naturels et artificiels) interagissant les uns avec les autres, et englobant des facteurs aussi bien physiques (géologie, phénomènes climatiques, etc.), biologiques (l'humain, l'eau, la faune et la flore) que socio-économiques (l'urbanisation, les inégalités, les conflits ou encore le travail). Et plus le numérique se complexifie, plus il est tangible.

2017. Je suis en randonnée dans les Alpes italiennes. J'avance au gré des paysages sans autre but que celui de m'en abreuver. En pleine nature, le temps me paraît plus épais ; j'accède à une forme de sagesse que je ne

1. « Pour sauver la planète, arrêtons le papier. »

trouve pas en ville, y traquant le moindre souffle d'air ou d'effluve de fleur. « Le bonheur, dit saint Augustin, c'est de continuer à désirer ce qu'on possède. » Et j'oublie mon smartphone. « Un homme est riche de tout ce dont il peut se passer », écrit Thoreau dans *L'Art de la simplicité*. J'entrevois entre les arbres et leur immensité les grands lacs qui dessinent la vallée. Je m'évade, prends le large, jusqu'à ce que mon appareil sonne : « – 30 % supplémentaires sur les jupes si je passe commande avant ce soir ! » Le contraste est brutal ! Nulle part, je me dis, je ne peux échapper à la connexion, aux injonctions commerciales. C'était là mon déclic.

En 2018, le numérique représente plus de 10 % de la consommation électrique mondiale[1], augmentant d'environ 9 % par an[2]. D'ici à 2035, les centres de stockage de données pourraient devenir plus énergivores que l'humanité.

1. « Numérique, le grand gâchis énergétique », *Le Journal du CNRS*, mai 2018.
2. Lean ICT Report, The Shift Project, 2019, p. 15

Chapitre 1

La fabrication des appareils

1. Les coulisses du smartphone

Noida, Inde

On compte plus de 14 milliards de smartphones actifs dans le monde en 2020[1]. C'est plus qu'il y a d'êtres humains.

2018. Je suis à Noida, à trente minutes de New Delhi. Une ville en pleine effervescence devenue, en quelques années, l'un des pôles technologiques les plus importants du pays. Au milieu des centres commerciaux et parcs d'attractions gigantesques, le Sud-Coréen Samsung inaugure sa plus grande usine d'appareils électroniques. 330 000 smartphones y sont fabriqués par jour, soit 120 millions par an. En 2020, plus de 1,6 milliard de smartphones – toutes marques confondues – sont achetés dans le monde, soit près de 60 unités chaque seconde. En 2010, il s'en vendait « à peine » 300 millions.

Dans ces usines à smartphones, des dizaines de rangées « *pick-and-place machines* », des machines

1. En 2020, 5,1 milliards d'individus possédaient un smartphone (source : rapport de We Are Social, 2020).

d'assemblage, se dressent les unes derrière les autres[1]. Elles transforment, en complète autonomie, une paire de cartes mères en un appareil intelligent. Les premières machines vont successivement souder et intégrer des milliers de nanocomposants, qui serviront ensuite à « remplir » les cartes mères. En blouse blanche et charlotte, les opérateurs ont pour mission simple mais cruciale de fournir la machine en petits composants afin que la chaîne de production ne soit jamais interrompue. Les petits composants sont intégrés les premiers, viennent ensuite les plus gros. Peu à peu, la carte mère prend forme, à l'aide des bras robotisés de la machine dont le rythme cadencé est hypnotique.

Puis une autre machine prend le relais : celle-ci assemble tous les éléments. Du capteur photo à la batterie, en passant par le logiciel jusqu'au collage de la coque. S'ensuit une batterie de tests, effectuée par les blouses blanches, avant de passer à l'emballage, lui, mécanisé. Je fais le calcul : si l'on retire le temps de séchage de la colle qui fixe la coque (vingt-quatre heures en moyenne) et les huit heures de tests servant à vérifier le bon fonctionnement de la connectivité Bluetooth et wifi, il faut seulement deux heures trente pour fabriquer un smartphone.

Celui-ci fera quatre tours du monde, entre le début de sa production et sa livraison à l'utilisateur, augmentant inévitablement son impact carbone. Un iPhone X émet, de sa fabrication jusqu'à son éventuel recyclage, 79 kg de gaz à effet de serre dans l'atmosphère[2]. La

1. On les appelle aussi « SMT » (pour *surface mount technology*) ou « technologie de montage en surface » en français. Cela désigne une méthode par laquelle les composants sont montés ou placés directement sur la surface d'une carte à circuit imprimé.

2. Apple, « Environmental Responsability Report », 2017.

fabrication d'un ordinateur classique de 2 kg nécessite, quant à elle, 800 kg de matières premières, 22 kg de produits chimiques et 1,5 tonne d'eau claire. Il rejettera 124 kg d'équivalent carbone[1]. À la fin 2021, on estime que 25 milliards d'objets connectés[2] nous assisteront, et que le marché, renforcé par l'avènement de la 5G, s'élèvera à 1 500 milliards de dollars[3].

Un appareil fait d'or et d'argent

Ces chiffres donnent le tournis. Pas besoin d'être expert pour réaliser que nous produisons trop d'appareils électroniques de toutes sortes. Pourtant, la question reste encore présente pour beaucoup de gens : « *en quoi est-ce problématique ?* »

Il faut savoir que chaque appareil connecté (ordinateurs, smartphones, tablettes, montres, etc.) contient du verre, de la céramique, des matières plastiques et synthétiques (trioxyde d'antimoine, bisphénol A, etc.) ; autant de matériaux qui polluent s'ils ne sont pas bien recyclés. La technologie numérique est d'abord le fruit d'entailles dans le sol de la planète. 70 matériaux et pas moins de 50 métaux sont nécessaires au fonctionnement de nos appareils. On y trouve aussi quelques métaux précieux, comme l'or et l'argent[4]. Ils servent à l'élaboration de la

---

1. « La face cachée du numérique », Ademe, 2017, étude 2018 WeGreenIT.

2. Les objets connectés rassemblent les « *wearables* » (montres et bracelets connectés, GPS personnels, etc.), l'univers de l'IoT (*Internet of Things*) ou IdO (Internet des objets, en français) et celui de la domotique (relatif aux maisons connectées).

3. « European IoT challenges and opportunities 2019-2024 », Alliance for Internet of Things Innovation.

4. On estime qu'il y a environ 30 mg d'or et 300 mg d'argent par appareil.

microélectronique de l'appareil[1]. Mais le nœud du problème reste la sollicitation des métaux rares (comme le tantale, le niobium ou le palladium), dont l'extraction contribue au désastre écologique en cours. Nous nous sommes habitués à l'idée de l'illimité, du virtuel et de la gratuité. Mais les ressources produites par notre planète, elles, ne sont rien de tout cela, à l'image de ces métaux rares qu'on ne trouve, par définition, qu'en petites quantités, et qui représentent des micromarchés tant l'offre est faible. Les terres rares (une typologie de métaux rares) sont, elles, utilisées pour fabriquer la nanoélectronique, c'est-à-dire des appareils de très petite taille. Il s'agit d'un ensemble de dix-sept éléments chimiques : le scandium, l'yttrium et les quinze lanthanides (comme le néodyme, le terbium ou le dysprosium)[2]. À ce stade, précisons que le terme « rare » ne fait pas allusion à la rareté de ces éléments mais à la rareté de leur gisement. Si leur quantité est assez abondante dans l'écorce terrestre, elle est aussi fortement diluée et inégalement répartie sur la planète. Enfin, dans la croûte terrestre, elles sont associées à d'autres minerais dont il est difficile de les séparer, en raison notamment de leur faible

1. La microélectronique désigne l'ensemble des technologies de fabrication de composants qui utilisent des courants électriques pour transmettre, traiter ou stocker des informations. Les technologies de la microélectronique sont, en grande partie, à l'origine des formidables progrès réalisés ces dernières décennies dans le domaine, entres autres, de l'informatique, des télécommunications et de l'imagerie (définition donnée par le Commissariat à l'énergie atomique et aux énergies alternatives [CEA]). Les microsystèmes sont aux appareils numériques ce que le transistor était à l'électronique dans les années 1960.

2. Les terres rares sont découvertes à la fin du XVIIIe siècle, mais il faudra attendre 1940 avant de développer les moyens de les extraire et de les isoler. Ce n'est qu'à partir de 1970 que l'on s'en sert pour fabriquer des « super-aimants ».

concentration[1]. Extraire des terres rares demande une quantité colossale d'énergie : on parle de milliers de tonnes de minerais à traiter pour en obtenir seulement quelques tonnes. On dit alors qu'elles sont « critiques » : pour le même effort d'extraction que plusieurs centaines de tonnes de fer, on extraira seulement quelques tonnes de métal rare. Pour vous donner une idée, chaque année, 130 000 tonnes de minerais rares sont exploitées contre 2 milliards de tonnes de fer[2].

Mais à quoi servent ces métaux ? Ils présentent, en fait, des propriétés chimiques et électromagnétiques exceptionnelles. L'étain, par exemple, est indispensable à la soudure des circuits imprimés. Le tantale, lui, garantit l'efficacité des condensateurs. Le cobalt permet d'optimiser la durée de vie des batteries, et le lithium le stockage d'énergie. Le terbium, l'yttrium, le néodyme, le tungstène ou encore le dysprosium permettent, pour leur part, d'assurer la fonction « vibreur » ou encore l'affichage des couleurs. Et c'est, entre autres, grâce à l'indium que les smartphones sont tactiles.

L'utilisation de tels métaux est problématique à plusieurs égards, à commencer par le caractère cancérigène de certains. Le cobalt, par exemple, est à l'origine de maladies pulmonaires et cardiaques. Le lithium, lorsqu'il entre en contact avec l'azote, l'oxygène et les particules d'eau présentes dans l'air, s'avère nocif pour les organismes aquatiques. Mais surtout, l'extraction de ces métaux rares requiert la déforestation de régions entières pour y creuser des mines. Des écosystèmes sont

---

1. « Approvisionnement en métaux critiques : un enjeu pour la compétitivité des industries française et européenne », Commissariat général à la stratégie et à la prospective, 2013.

2. Guillaume Pitron, *La Guerre des métaux rares*, Les Liens qui Libèrent, 2018.

alors détruits. De manière générale, les métaux rares sont radioactifs. À 650 km de Pékin, je me trouve près de l'immense lac de Dalahai, en Mongolie-Intérieure, où, en 2006, des chercheurs ont relevé une radioactivité trente-deux fois supérieure à la normale[1]. À titre de comparaison, la radioactivité mesurée à Tchernobyl en 2019 n'est « que » seize fois supérieure à la normale. À Baotou, le plus grand site de production chinois, où l'on extrait la plupart des métaux nécessaires à la fabrication des iPad et autres écrans plats, plus rien ne vit. Ni arbre, ni poisson, ni algue. Rien. Avant l'arrivée des usines minières, les champs s'étalaient jusqu'à l'horizon. En 2015, la BBC évoque le sujet dans un article : « The Worst Place on Earth[2] ». Tout est dit.

Les techniques d'extraction et de purification des métaux consistent en des procédés hydro-métallurgiques complexes et des bains d'acides qui rejettent dans les cours d'eau des métaux lourds, de l'acide sulfurique et des éléments radioactifs (uranium, thorium, etc.). Quand ils n'infiltrent pas les sols, ils sont rejetés dans les lacs qui bordent villes et villages. On ne compte plus le nombre de cas de cancers attribués à l'exploitation des terres rares dans la région de Baotou. Lors d'un rendez-vous avec Guillaume Pitron, auteur du livre *La Guerre des métaux rares*, j'apprends que les médecins appellent cet endroit « le village du cancer ». Évidemment, les troubles sanitaires engagent toujours des problèmes économiques : les poussières radioactives qui ont contaminé les terres agricoles empêchent leur exploitation par la population locale jusque dans les

1. Radioactivité enregistrée en 2006, dans les villages proches des exploitations de terres rares de Baotou (appartenant à l'entreprise Baotou Steel).

2. « Le pire endroit sur Terre ». Tim Maughan, « The dystopian lake filled by the world's tech lust », BBC, 2 avril 2015.

villages voisins. Les fermiers respirent des poussières de charbon visibles à l'œil nu. Comme plus rien n'est exploitable, beaucoup ne parviennent plus à nourrir leur famille.

Mais tout cela n'empêche pas l'absurde : en 2014, la société d'État Baotou Steel, à laquelle appartient la mine de Bayan Obo, arrive première dans la liste des cent entreprises chinoises « vertes », aux côtés de Huawei et GE[1].

Certains experts affirment que les terres rares ne sont pas *rares*, et que leur extraction ne pose aucun problème écologique. À cela, je réponds, en prenant l'exemple du pétrole, que, depuis quarante ans, nous en redoutons les pénuries et n'avons de cesse de retarder cet épuisement en creusant toujours davantage. Mais les techniques d'extraction ont simplement évolué en devenant plus agressives[2]. Il en va aujourd'hui

1. Sélectionnées dans la catégorie « entreprises publiques ». Leon Walker, « GE, Huawei and Baosteel top green company ranking », Environmental Leader, 2014.

2. Le pétrole est contenu sous pression dans une cavité souterraine. Une fois les trous creusés, ce dernier gicle. C'est ce en quoi consistent les puits de pétrole. Mais quand la pression de celui-ci n'est plus suffisante dans le puits, quand elle est équivalente à la pression atmosphérique, la migration du pétrole vers la surface n'est plus possible. La seule solution est de pomper le pétrole, une méthode trop onéreuse. On se tourne donc vers d'autres gisements de pétrole, tout simplement. Mais voilà, depuis la raréfaction du pétrole et la montée du prix du baril, on revient vers les puits de pétrole à faible pression, auparavant abandonnés, en « réattaquant » ces derniers, creusant toujours plus profond, grâce à des techniques dites « secondaires » comme l'injection de gaz naturels ou la fracturation hydraulique, qui endommagent lourdement les sous-sols. Quand les techniques secondaires ne suffisent plus, on passe aux techniques tertiaires comme le traitement microbien consistant à injecter des microbes qui modifient la composition du pétrole et le rendent plus facile à extraire. La question n'est donc pas

de même pour les métaux rares : plus la peau de chagrin se réduit, plus les conditions d'extraction deviennent polluantes et dangereuses. Une fois les éléments extraits, encore faut-il fabriquer les composants qui permettront l'assemblage de l'appareil : 180 étapes différentes nécessaires occasionnant, là aussi, des pollutions aux phtalates et solvants chlorés, évacués par les eaux.

Le numérique est une invention fabuleuse, mais, en l'état, elle repose sur l'exploitation de matériaux qui détériorent la planète ; une planète dont les ressources abiotiques sont épuisables à horizon d'une vingtaine d'années, peut-être moins, si l'on garde cette cadence consumériste technologique. Par ailleurs, il n'existe, pour l'heure, aucun substitut à ces métaux. Observons ce phénomène d'encore un peu plus près.

2. Le lithium bolivien, au détriment du sel et des lamas

Le lithium est un métal rare qu'on s'arrache à prix d'or. On l'appelle d'ailleurs l'« or blanc ». Elon Musk, cofondateur de Tesla, en raffole : une voiture électrique n'avance pas sans batterie lithium-ion. Du lithium, outre dans les traitements antidépresseurs chez les personnes bipolaires, on en trouve dans les ordinateurs et les smartphones. Les propriétaires d'une Tesla Model S ignorent souvent qu'ils transportent avec eux quelque 63 kg de composés de lithium, présents dans les blocs de batteries.

---

de savoir s'il y a suffisamment de pétrole ou non dans les sols, mais plutôt de savoir jusqu'où nous sommes capables d'aller pour extraire un pétrole qui n'est accessible qu'à condition d'endommager lourdement l'environnement.

Ce métal permet des avantages alléchants, comme l'absence d'émission carbone. Rouler en voiture électrique semble donc être un bon plan pour la planète. C'est un jugement qu'il faut manier avec précaution.

Rencontre au pays du sel

Bolivie, sur la pointe sud-ouest, enclavée par le Pérou, le Brésil, le Paraguay, le Chili et l'Argentine. À 3 000 mètres d'altitude, je prends le temps d'admirer l'aveuglant Salar de Uyuni, le plus grand désert de sel au monde. Vieux de la préhistoire, et aussi vaste que l'Île-de-France, il s'agissait il y a 40 000 ans d'un lac. Lorsqu'il s'est asséché, le sel est resté, cristallisé. Le spectacle est très beau : on dirait un immense manteau blanc qu'on aurait déposé sur la terre pour ne pas qu'elle s'enrhume, et qui se transforme quand il pleut en miroir géant parfaitement lisse, reflétant les nuages. Dans sa saumure bleu-vert, ce paradis, prisé par les touristes et les trekkeurs en manque d'air pur, abrite quelque 15 % des ressources mondiales de lithium[1].

À l'ombre des regards, le Salar de Uyuni devient une mine à ciel ouvert. Les mineurs y débarquent par bus et séjournent dans des préfabriqués de fortune, à plusieurs kilomètres de la mine et pour quinze jours de travail consécutifs, avant de rentrer chez eux une semaine, et ainsi de suite. La Bolivie est le pays où l'on recense les populations les plus pauvres d'Amérique latine, mais, paradoxalement, ses sols enrichissent les entreprises les plus puissantes du monde, à commencer

1. En 2018, le portail français des ressources minérales non-énergétiques, porté par le ministère de la Transition écologique et solidaire, indiquait que le reste de la production minière mondiale se situait principalement en Australie, au Chili et en Argentine.

par les industriels chinois, premiers importateurs de lithium. D'après la Banque mondiale, près de 80 % de la population bolivienne vit sous le seuil de pauvreté. 40 % se trouve dans une extrême pauvreté. Ils sont nombreux, ces Boliviens-là, à travailler à la mine. Emilia est l'une d'entre eux. À l'origine, sa famille travaille dans les plaines et cultive le quinoa. Mais la production se voit restreinte depuis que l'accès à l'eau dans les hautes régions est limité : « Ils prennent l'eau pour nettoyer les pierres qu'ils retirent du sol. Le peu d'eau qu'on a désormais, c'est pour nos familles. Il n'y en a plus assez pour travailler », m'explique-t-elle. De nombreuses familles pauvres, comme la sienne, manquent d'eau non seulement pour leurs activités professionnelles mais aussi pour la vie courante. L'impact de cette situation sur la culture du quinoa est dramatique. Or, il s'agit de la principale ressource économique des populations locales, avec la culture du sel et l'élevage de lamas – également en chute libre en raison de l'augmentation des saisons sèches.

Qu'est-ce que le lithium, au juste ? Un métal gris argenté, mou et très léger mais aussi hautement réactif. Rappelez-vous, en 2016, Samsung rappelait un million de smartphones, craignant une explosion de leur batterie[1]. Depuis une dizaine d'années, le marché du lithium s'envole. En cinq ans, son prix a triplé[2]. On parle aujourd'hui du « triangle du lithium », désignant le plateau andin de l'Altiplano-Puna qui traverse à la fois la Bolivie, le Chili (on y extrait le lithium dans

1. « Rappel d'un million de téléphones Samsung aux États-Unis pour risque d'explosion », *Le Monde*, 16 septembre 2016.

2. « Hausse du cours du lithium entre 2015 et 2020 », L'Élémentarium, fiche technique et économique, lithium, édition 2019 ; Brian Jaskula, « Lithium data sheet, mineral commodity summaries 2020 », National Minerals Information Center.

le Salar de Atacama) et l'Argentine (dans le Salar del Hombre Muerto) ; une région qui abrite une des plus grandes ressources de lithium au monde, avec l'Australie et la Russie. Evo Morales, alors président bolivien – et le premier d'origine autochtone –, rêve de faire de son pays le premier fournisseur de lithium au monde, et de l'entreprise publique bolivienne YLB un acteur incontournable sur le marché minier[1]. Mais un tel investissement implique des sacrifices : il faudra exploiter la totalité des ressources de lithium du Salar de Uyuni d'ici à 2024 pour honorer les carnets de commandes. Cela implique la dégradation définitive des écosystèmes naturels du site et, possiblement, la disparition d'un des plus vieux et sublimes déserts de sel au monde. C'est typiquement avec ce genre de destruction des espaces sauvages que les crises environnementales et sanitaires telles que la Covid-19 surviennent[2]. Mais qu'importe. Le lithium, souvenez-vous, vaut son pesant d'or.

La promesse d'Evo

Dès son élection, en 2006, Evo Morales a bâti sa popularité sur la croissance du pays après l'effondrement économique des années 1980. En dix ans, le président bolivien a fait bouger les lignes : le chômage a diminué de 23 points, et les Boliviens ont obtenu un meilleur accès à l'électricité, à l'eau et aux services d'égouts. Mais porté par ses rêves de grandeur, il s'attire le mécontentement des peuples indigènes, après qu'il a vendu les terres autochtones ancestrales aux

1. YLB signifie « Yacimientos de Litio Bolivianos », littéralement « gisements de lithium boliviens ».

2. Inès Leonarduzzi, « Coronavirus : le pangolin n'y est pour rien », *Les Échos*, mars 2020.

industriels et débuté le dépouillement des sols sans consultation des communautés locales[1]. Selon l'Association australienne des mines, le marché mondial du minerai brut devrait atteindre les 20 milliards de dollars en 2025. Celui du matériau traité, 43 milliards de dollars et quelque 424 milliards pour celui des cellules de batteries[2]. Les lamas attendront.

Ces jeux commerciaux juteux ont donc des conséquences désastreuses sur les populations, mais aussi sur l'environnement : la rivière du Rio Grande est presque à sec alors que la pluie se fait de plus en plus rare. L'extinction de la faune d'Uyuni est aussi préoccupante. En 2007, la généticienne suédoise Karin Broberg et son équipe mènent des recherches dans quatre villages des Andes, où les flamants andins étaient particulièrement implantés pendant les périodes de reproduction. En une décennie, dans la région du lithium, le nombre d'oiseaux a sensiblement diminué. Tout aussi inquiétant, l'eau est contaminée par le lithium, si bien que les femmes boliviennes qui en consommaient présentent aujourd'hui des symptômes comme la dépression et la perte de mémoire[3]. Un désastre humain ajoutant au désastre écologique.

D'autres régions du monde sont, elles aussi, des victimes collatérales de la frénésie numérique. Certaines terres rares proviennent de régions africaines sensibles, devenues de véritables zones de guerre. Dans ces régions, on balaie d'un revers de main les droits fondamentaux des hommes, des femmes et des enfants, sans parler de

1. Alexandra Valencia, « Venezuelan migrants throng Ecuador-Colombia border high up in Andes », Reuters, 2018.

2. Dominique Pialot, « Voiture électrique : l'industrie du lithium en surcapacité », *La Tribune*, août 2019.

3. Karin Broberg *et al.*, « Lithium in drinking water and thyroid function », *Environ. Health Perspect.*, vol., 119, n° 6, juin 2011, p. 827-830.

la faune, si bien que l'on appelle désormais les métaux rares qui y sont extraits les « minerais du sang ».

3. Quelques grammes de Congo

> « Je viens d'un des pays les plus riches de la planète, et pourtant le peuple de mon pays fait partie des plus pauvres du monde. »
>
> Denis Mukwege,
> Prix Nobel de la paix, 2018.

Du coltan dans nos poches

2018. Tombouctou, Mali. Je rencontre le fondateur d'une association qui œuvre pour protéger les enfants du travail minier à Katanga, en république démocratique du Congo (RDC), avec laquelle nous travaillons. Il me fait l'amitié de converser en français. *Ditunga dia Kongu wa Mungalaata* (« république démocratique du Congo » en tshiluba) est le pays francophone le plus peuplé du monde. Prudent, cet homme ne révèle pas son engagement facilement. Il souhaite éviter les représailles des seigneurs de guerre, lui qui vit au Congo avec sa famille. Officiellement, il dirige une association qui enseigne la lecture et l'écriture aux enfants travailleurs déscolarisés. En vérité, il souhaite leur éviter la mort sur un chantier illégal et l'extrême pauvreté qui les attend, quoi qu'il arrive. Donner un avenir à ces enfants à la merci des industries minières comme des seigneurs de guerre. Pour cela, l'association met en place des stratégies pour les sortir, un à un, de la dépendance minière.

En 2013, la Banque mondiale révèle des chiffres qui glacent le sang : les enfants représentent 40 % des deux millions de Congolais qui travaillent. Or, c'est dans ce pays, deuxième plus vaste d'Afrique, qu'on extrait 60 % du coltan mondial[1]. Ce pays magnifique d'Afrique centrale, abritant montagnes luxuriantes, lagons aux légendes séculaires et forêts tropicales sacrées, est aussi l'arrière-cuisine du progrès occidental et de notre confort numérique[2]. Sans ces quelques grammes de Congo, les sacrifices de ses habitants, de sa flore et de sa faune, nos smartphones seraient beaucoup moins *smart*.

Du coltan, on en a tous dans nos smartphones, sans exception. Pourtant, peu d'entre nous savent de quoi il s'agit vraiment. « Coltan » est la contraction des noms de deux métaux rares : le colombium et le tantale[3] (en français, « colombium » se dit « niobium », qui tire son nom de Niobé, reine grecque, fille de Tantale, lui-même fils de Zeus[4]). Et pour cause, le niobium est incrusté dans le tantale : deux minerais bien distincts, mais dont les propriétés sont étonnamment similaires. Dans le cas de l'électronique, c'est le tantale qui nous intéresse. Quand on parle de coltan, on parle en fait de tantale. Le coltan, c'est-à-dire la matière brute, se présente sous la forme d'oxyde, une sorte de sable métallique couleur anthracite. On le trouve dans le lit des rivières, les roches tendres ou encore les dépôts d'alluvions. On le raffine

1. Les sols australiens et brésiliens en contiennent aussi, mais en plus faible quantité.

2. Il y a de quoi tomber amoureux de ce pays à la vue du fleuve Lwilaka et de ses lacs gigantesques comme le Tshangalele ou encore le Tanganyika.

3. L'utilisation de ce mot-valise s'est développée en Afrique de l'Ouest avant de se généraliser, d'abord dans les écosystèmes industriels jusque dans les écrits scientifiques, puis économiques et enfin politiques.

4. Aux États-Unis, le niobium (ou niobite) est appelé « colombite » ou « colombium », du fait de sa découverte, en 1801, sous forme d'oxyde Nb_2O_5, par Charles Hatchett, dans le district de Columbia.

en le broyant. Grâce à des acides, on en extrait à la fois le niobium et le précieux tantale. Il est ensuite utilisé dans les domaines de l'aéronautique, de l'aérospatial et de l'électronique. La demande a explosé dès la seconde partie des années 1990 avec l'essor du numérique. Comme il est deux fois plus dense que l'acier et hautement résistant à la chaleur ou à la corrosion, le tantale permet une plus grande performance du condensateur (c'est-à-dire du réservoir d'énergie des batteries électroniques des appareils de petite taille). Ce sont les condensateurs qui permettent d'étendre l'autonomie de la batterie de nos téléphones. Mais ce métal est aussi impressionnant par sa charge en uranium. En 1945, rappelez-vous, c'est en grande partie l'uranium congolais qui a causé la destruction d'Hiroshima[1].

Dans les mines, les enfants et les gorilles trinquent

Retour en 2000. J'ai 13 ans, et l'iPhone n'existe pas encore[2]. Pourtant, une guerre éclate quelque part en Afrique pour ce qui permettra de l'inventer. Je suis scolarisée dans un internat d'Île-de-France. Un matin, la directrice de l'école me convoque dans son bureau. J'y rencontre une nouvelle élève, dont la directrice me demande d'être le binôme. Elle arrive tout juste du Congo avec sa famille. Je l'ignorais encore, mais cette petite fille qui se tenait devant moi avait vécu l'horreur. Je me rappelle la peur constante dans ses yeux, les cauchemars qui la réveillaient la nuit. J'étais loin d'imaginer que ce qui l'avait poussée à fuir son pays

1. Rik Coolsaet, *La Belgique et sa politique étrangère, 1830-2015*, Éditions Van Halewick, 2016.
2. Le tout premier iPhone sort en 2007.

constituerait le cœur de mes engagements, quinze ans plus tard.

On apprend à l'école que les guerres éclatent pour des raisons idéologiques. C'est très souvent faux. Les guerres éclatent plus généralement pour des enjeux économiques. On trouvera rarement une terre ravagée par la guerre dont les sols, les cours d'eau ou la situation géographique ne représentent pas une manne financière importante. Après que la plus grande société minière de la RDC, la Générale des carrières et des mines, s'est effondrée, dans les années 1990, l'extraction minière artisanale s'est développée : elle constitue un moyen de subsistance pour un grand nombre d'individus[1]. Entre 1998 et 2002, le Burundi, l'Ouganda et le Rwanda tentent de renverser le gouvernement Kabila. Alors que celui-ci se trouve incapable de soutenir la relance de l'industrie minière congolaise, à l'œuvre depuis plusieurs années[2], le président Laurent Kabila encourage la population à creuser elle-même des mines artisanales, pour son propre compte. En 2002, au sortir de la guerre, le gouvernement publie un Code minier. L'enjeu ? Attirer des sociétés minières étrangères, essentiellement européennes et chinoises. Dans les abysses tropicaux du pays s'opposent alors une industrie minière artisanale, tenue par les ouvriers congolais,

1. Benjamin Rubbers, « L'effondrement de la Générale des carrières et des mines : chronique d'un processus de privatisation informelle », *Cahiers d'études africaines*, 2006.

2. La seconde guerre du Congo se déroule en RDC, de 1998 à 2002. Sa fin officielle est proclamée le 30 juin 2003. Pour les besoins du livre, j'ai restreint l'histoire dans les limites de notre sujet, mais, en réalité, cette guerre, que l'on appelle aussi « grande guerre d'Afrique », implique neuf pays africains et une trentaine de groupes armés différents, ce qui en fait la plus grande guerre entre États de toute l'histoire de l'Afrique contemporaine.

et un regain de vitalité industrielle, perfusée par les multinationales étrangères.

Mes écouteurs Apple diffusent *Tagama*, de Piccola Banda Ikona, en boucle dans mes oreilles, tandis que j'arpente, pensive, la ville de Lubumbashi. Dans la région congolaise du Katanga, il n'est pas difficile de trouver des creuseurs, bien que le métier soit particulièrement rude et que les villages miniers, véritables chantiers boueux à ciel ouvert, se situent dans les montagnes où les routes sont à peine praticables. Les creuseurs perçoivent entre 10 000 et 30 000 francs congolais par semaine (soit entre dix et trente dollars), l'équivalent de six mois de travail chez un cultivateur agricole local. Les mineurs artisanaux qui souhaitent un emploi plus régulier passent par les mines dont ils sont salariés, lesquelles appartiennent aux entreprises locales ou étrangères. C'est sur le marché de Musompo que les négociants vendent le minerai artisanal à une entreprise au cœur du système : Congo Dongfang International Mining (CDM), filiale du groupe chinois Zhejiang Huayou Cobalt Company. Qui sont ses clients ? Des fabricants de batteries fournisseurs d'Apple, Dell, Hewlett-Packard, Huawei, Lenovo, LG, Microsoft, Samsung ou encore Sony[1]. C'est là que les choses se gâtent : entre 1998 et 2000, le kilo de tantale passe de 60 dollars à plus de 1 000 dollars. Rapidement, les mines de fortune se multiplient à travers la région. L'Ouganda, le Burundi, mais aussi le Rwanda se lancent à leur tour dans ce business lucratif. Le Rwanda, par exemple, exporte jusqu'à 25 % du coltan, qu'il pille sur la crête Congo-Nil. Plus il y a

1. « "Voilà pourquoi on meurt". Les atteintes aux droits humains en république démocratique du Congo alimentent le commerce mondial du cobalt », Amnesty International et AfreWatch, rapport, 2016.

de concurrence, plus diminue le prix du coltan. C'est le principe de la loi de l'offre et de la demande. Et une aubaine pour les entreprises acheteuses. Mais plus il y a de concurrence, plus augmente le prix humain aussi.

Les creuseurs sont outillés de pioches, de pelles et ploient sous les sacs de roches à traiter. Ils creusent les remblais, descendent dans les puits et extraient, à mains nues, les minerais radioactifs. Les pierres sont ensuite lavées, tamisées dans les lacs et les cours d'eau ; des tâches souvent effectuées par les femmes aidées de leurs enfants, ou portant leurs bébés. Celles-ci lavent quotidiennement entre huit et douze sacs de minerais, d'une cinquantaine de kilos, moyennant un salaire de 1 500 francs (soit un peu moins de deux dollars). Amnesty International révèle des rapports accablants sur la main-d'œuvre de choix que représentent les enfants dans cette ruée vers le coltan[1]. Il est en effet bien plus facile pour les enfants de pénétrer dans les puits d'une soixantaine de centimètres de circonférence. Ils sont aussi plus dociles et plus malléables que les creuseurs adultes. Ils peuvent gagner entre 1 000 et 2 000 francs congolais par jour (soit entre un et deux dollars). En 2014, selon l'Unicef, ces enfants, âgés de 5 à 17 ans, sont 40 000 dans l'ensemble des mines au sud de la RDC[2]. Ils travaillent sans gants, ni casques, ni combinaisons et ne sont couverts par aucune réglementation sanitaire, alors que leurs conditions de travail sont épouvantables : le nouveau Code minier ne prévoit rien pour leur protection. Non seulement les éboulements sont fréquents dans les mines, qui souvent s'effondrent, mais, en plus

1. « Le travail des enfants derrière la production de smartphones et de voitures électriques », Amnesty International, janvier 2016.

2. « To eliminate child labour, attack it at its roots, UNICEF says », Unicef, octobre 2013.

de cela, la chaleur et l'humidité y sont insoutenables. L'oxygène se fait rare. Exposés à la poussière des roches de manière constante et à l'inhalation de particules, ils risquent une fibrose pulmonaire, une maladie mortelle qui gagne la région[1].

Bien que le Code de protection de l'enfance en RDC, datant de 2009, oblige un enseignement primaire gratuit pour tous les enfants, le gouvernement ne subvient pas à tous les frais nécessaires pour les écoles du pays. De fait, les écoles exigent le paiement du « minerval », la contribution mensuelle dont les parents doivent s'acquitter pour garder leurs enfants scolarisés, pouvant aller de 10 000 à 30 000 francs congolais (10 à 30 dollars), couvrant des frais comme le salaire des enseignants ou le matériel pédagogique. Plus de 70 % de la population congolaise vit avec moins de deux dollars par jour. Les enfants travaillant dans les mines sont, la plupart du temps, ceux dont les parents n'ont pas de salaire. Ils travaillent, donc. À mi-temps, les week-ends et pendant les vacances, pour continuer à recevoir un enseignement à l'école. D'autres, travaillant à plein temps, sont tout simplement déscolarisés. C'est une des fois où j'ai le plus ressenti le sentiment d'impuissance dans mon métier : ce qui aide les enfants à s'en sortir est aussi ce qui les condamne. Selon l'Unicef, au moins dix enfants trouvent la mort sous un éboulement chaque mois. Et lorsqu'une mine s'effondre, on abandonne les corps. Pas question de prendre du retard. On déplace simplement le site d'extraction d'une centaine de mètres. *Show must go on.*

L'incidence environnementale sur la faune et la flore n'est pas en reste : la radioactivité des minerais

---

1. « In DR Congo, UNICEF supports efforts to help child labourers return to school », Unicef, 2014.

contamine les cours d'eau des régions minières, ceux-là mêmes qui alimentent les populations de plusieurs régions du Congo, ainsi que les animaux sauvages ou d'élevage qui y vivent. Quant à la forêt vierge, poumon de la région, elle est sabrée de toutes parts dans le but d'étendre toujours plus les mines. Inévitablement, le dérèglement climatique a son influence. La forêt jouant un rôle d'assainissement de l'air et de régulation des températures trop élevées ou trop basses, la biodiversité en fait les frais.

La plupart des travailleurs, adultes et enfants, quittent leurs foyers et s'établissent dans la jungle et les montagnes pour être au plus près des zones minières. Les gorilles, ces grands primates doués d'une intelligence remarquable[1], purgent alors une double peine. Non seulement leur habitat naturel est dévasté – ce qui les pousse à se replier en altitude, où ils manquent de nourriture – mais, en plus, ils sont chassés pour leur viande. Je découvre, dans les locaux d'une ONG, des archives de photos d'une cruauté insoutenable : un gorille attaché en croix sur des planches. On fait des réserves de viande en retardant leur abattage. Depuis dix ans, 90 % des gorilles ont disparu des cinq parcs naturels nationaux du Congo.

La PlayStation 2 et les femmes congolaises

La philosophe Judith Butler, dans son ouvrage *Qu'est-ce qu'une vie bonne ?*, écrit : « Y a-t-il des genres de vie qu'on considère déjà comme des non-vies, ou comme partiellement en vie, ou comme déjà

1. Douglas Main, « Why Koko the gorilla mattered », *National Geographic*, 2018.

mortes et perdues d'avance, avant même toute forme de destruction ou d'abandon[1] ? » En RDC, toujours, les femmes sont un autre dommage collatéral de l'essor de nos sociétés du tout-numérique.

Elles sont les premières victimes des crises, qu'elles soient économiques, écologiques et climatiques. C'était vrai en Europe durant la canicule de 2003[2]. En Afrique et en Asie, dans les régions les plus pauvres aussi où, culturellement, les femmes sont celles qui travaillent dans les champs et souffrent du dérèglement climatique. Dans 80 % des foyers dénués d'eau courante, c'est aux femmes et aux jeunes filles qu'incombe la tâche de la corvée d'eau. Dans les villages béninois, par exemple, l'ONU indique que les filles de 6 à 14 ans passent en moyenne une heure par jour à se rendre au puits, alors que la moyenne n'est que de vingt-cinq minutes pour leurs frères. En Afrique subsaharienne, cette collecte d'eau représente 40 milliards d'heures par an ! Aussi, l'accélération des modes de vie et le dérèglement climatique augmentent le besoin d'eau, en même temps qu'ils en raréfient les points d'accès (assèchement des rivières, des puits, etc.). Au quotidien, cela fait courir aux femmes de plus en plus de dangers : agressions, mais aussi carences causant des maladies osseuses et cardio-vasculaires. Ce n'est pas tout : quand une femme est de corvée quotidienne d'eau, elle ne peut pas travailler ; quand il s'agit d'une jeune fille, elle ne peut pas aller à l'école. Une triple précarisation, donc. Puis, dans toute crise, femmes et

1. Judith Butler, *Qu'est-ce qu'une vie bonne ?*, Éditions Payot, 2014.

2. Durant cette canicule, 15 000 personnes sont mortes en France, avec pour principales victimes des femmes et des personnes âgées (Compte-rendu du projet européen Canicule « Meeting on improving public health responses to extreme weather de l'OMS », tenu à Bonn, en mars 2007).

fillettes sont aussi les premières victimes des déferlements de violence.

En 2000, la multinationale japonaise Sony annonce le lancement planétaire de la PlayStation 2, dont le fonctionnement dépend du minerai congolais. Au Congo, rappelez-vous, une guerre éclate, opposant la RDC au Rwanda, à l'Ouganda et au Burundi, pas désintéressés de la manne financière que constitue le coltan congolais. Des milices s'organisent pour faire fuir les populations qui, par leur présence, ralentissent la construction des mines. L'enjeu est de taille : les commandes de l'industriel japonais sont pharaoniques. Alors on emploie une méthode qui a déjà fait ses preuves : la terreur. Les populations rurales sont persécutées et chassées. Celles et ceux qui résistent sont sauvagement tués. Les femmes et les jeunes filles subissent quotidiennement viols et mutilations. Les infrastructures sanitaires sont détruites pour qu'elles ne puissent pas se soigner, dans les rares cas où elles s'en sortent vivantes. Les villageois n'ont alors d'autre choix que d'abandonner leurs terres et leurs foyers. De cette façon, les milices armées ont le champ libre pour creuser. Ces seigneurs de guerre, comme les pays voisins, ont compris l'intérêt grandissant de l'Occident, en pleine révolution technologique, pour leurs ressources, et que le Congo est un quasi-monopole minier. Tous veulent leur part du gâteau. Des conflits armés émergent entre les différents fournisseurs et gouvernements. Jusqu'à ce qu'en 1999, la situation soit telle que les livraisons de minerai sont bloquées aux portes du pays. Sony panique : la PlayStation 2 est annoncée en rupture de stock dans les magasins. C'est seulement à ce moment-là que l'on commence à entendre parler des « minerais du sang » et de « PlayStation war » dans les médias.

À la fin de la guerre, officiellement signée en 2003, rien ne change vraiment : les habitudes ont la vie dure. Les agressions sexuelles contre les femmes se perpétuent. Le 7 septembre 2010, soit dix ans plus tard, Marcus Bleasdale photographie une jeune femme congolaise rescapée. Il légende : « Elle a été laissée pour morte après qu'on lui a coupé ses lèvres et ses oreilles. » Même rengaine aussi dans les mines. La même année, le réalisateur danois Frank Poulsen produit le documentaire *Blood in the Mobile*. Poulsen collabore avec des ONG, comme Make It Fair, basée aux Pays-Bas, ou encore Global Witness, en Allemagne, qui luttent contre la corruption, les guerres et la spoliation des droits humains liées à l'exploitation des ressources naturelles. Dans ce documentaire, Frank Poulsen, en voix off, lâche avec dépit : « Ils ont découpé son mari en morceaux [...] et ils l'ont violée sur le corps démembré de son mari. »

Avec l'essor de l'industrie des métaux rares, le viol comme arme de guerre s'est répandu. Entre 2004 et 2005, l'ONU compte au moins 100 000 viols dans les provinces de l'est de la RDC[1]. On estime qu'une femme sur trois a été violée sur le continent. Au cours de mes recherches, je n'ai cependant pas su trouver de chiffres étayés. Un rapport des Nations unies indique qu'il est difficile aujourd'hui de connaître l'ampleur totale du phénomène du viol à l'intérieur des zones de conflits.

1. Mary Kimani, « Les femmes du Congo face aux séquelles des viols », United Nations Report, 2007.

Courte histoire d'Obama, de Trump et du Dodd-Frank Act

En 2010, Barack Obama signe le Dodd-Frank Act, un projet de loi adopté par le Congrès américain, qui a essentiellement pour objectif de promouvoir la stabilité financière du pays et la transparence du système financier après la crise économique et financière de 2008. Il comporte aussi des mesures sociétales et environnementales : l'article 1502 oblige les sociétés américaines cotées en bourse à préciser si leurs produits contiennent des « minerais de conflit ». Cet article concentre essentiellement ses efforts sur le tantale, l'étain, le tungstène et l'or. On les appelle les « 3TG » (pour *tantale*, *tin*, *tunsgten* et *gold*). Mais ça, c'était avant l'arrivée au pouvoir de Donald Trump qui, au nom de la relance économique des entreprises, s'est attaqué, en 2018, à plusieurs articles de la loi, dont le 1502. Il cherche, entre autres, à amoindrir l'autorité de l'EPA (l'Agence américaine de protection de l'environnement), qu'il jugeait trop intrusive dans les affaires financières publiques[1]. Le Parlement européen adopte une loi similaire : endiguer le commerce des 3TG afin d'éviter les conflits armés et le travail forcé qu'il induit.

Mais c'est là le problème. Rappelez-vous, le travail des enfants dans les mines est rarement forcé. Des centaines de milliers de travailleurs dépendent des revenus générés par cette filière. Tout en condamnant les populations, elle veille à éviter la chute de l'économie du

1. Donald Trump protégeait les intérêts économiques des entreprises de son pays, car, comme il le rappelait, il était avant tout le président des Américains et pas celui des Congolais.

pays, déjà fragile, et la paupérisation des populations. Je me rends à Birambo, dans le territoire de Masisi, dans le Nord-Kivu, un des nombreux sites désormais « certifiés » : les creuseurs artisanaux, dont le salaire a été mis à mal par les récentes législations étrangères, se sont regroupés et organisés au sein de coopératives, censées les protéger. Ils ont des cartes de travail, et les enfants qui souhaitent travailler sont chassés à coups de bâton par la police, qui surveille la bonne marche de la « mine propre », mais il reste aisé de frauder. Les mines tenues par les groupes armés sont parfois à quelques dizaines de mètres, et il est difficile de les délimiter vraiment. Enfin, le niveau de revenu des travailleurs, me confie une creuseuse, mère de cinq enfants, a diminué. L'ITSCI (le système qui trace le transit des minerais légaux) n'est pas gratuit et pèse sur le bas de la chaîne de valeur, c'est-à-dire sur les creuseurs. Et difficile de négocier : l'ITSCI n'a pas de concurrent, il jouit d'un parfait monopole. Enfin, que dire des enfants contraints à ne plus travailler dans les mines et qui doivent, tout de même, payer le minerval s'ils veulent étudier ? Ceux-là se rabattent sur d'autres secteurs : ils font la manche, travaillent dans les champs… peu importe, tant que ça paye.

La Covid-19 s'ajoutant aux conflits, quatre personnes sur dix souffrent déjà d'insécurité alimentaire, sur les 100 millions que compte la RDC. 15,6 millions sont victimes de « crise » de la faim ou d'« urgence » alimentaire. C'est surtout le cas dans deux zones dévastées par les conflits armés : le magnifique Tanganyika et la région du Kasaï.

Nous consommons toujours plus d'appareils électroniques sans savoir ce que leur fabrication implique vraiment. Nous pouvons arguer du fait que, jusqu'à récemment, nous n'avions pas les moyens de savoir à quel point ces objets du quotidien génèrent une forte pollution, mais cela n'est plus vrai aujourd'hui. Avec les nouvelles connaissances auxquelles nous avons accès, la responsabilité nous revient de mettre sur le même plan *pouvoir* d'achat et *savoir* d'achat. De la même manière que nous pouvons lire la provenance de nos viandes, de nos légumes et la composition détaillée des plats préparés que nous achetons, ne serait-il pas intéressant de pouvoir lire, au dos d'un emballage d'un smartphone ou d'un appareil électronique, sa composition, les métaux utilisés ainsi que les lieux de sa fabrication ? Cela ne peut se faire sans l'appui des pouvoirs publics et la rédaction de nouvelles lois. S'il y a bien des progrès en matière de législation, ils sont encore trop anecdotiques et faméliques. La loi n° 2014-856 du 31 juillet 2014, ou encore l'article L. 117-1 du Code de la consommation, autorisent, par exemple, tout consommateur à demander au fabricant, au producteur ou au distributeur des informations sur les conditions sociales de fabrication des produits mis en vente au grand public. Si ces lois existent, elles restent difficiles à mettre en place concrètement. C'est entre autres sur ce plan que je travaille, avec Digital For The Planet : accompagner l'écriture de lois pratiques, mais aussi évaluer la capacité à mesurer leur impact concret.

La fabrication des appareils représente 75 % de la pollution numérique environnementale, mais ce n'est que le début du voyage. Une fois nos appareils dans nos mains, que se passe-t-il réellement ?

Chapitre 2

Nos usages quotidiens

1. L'*Homo digitalis* est un nouveau riche

Si l'on fabrique autant d'objets connectés, c'est que notre consommation numérique a crû de façon exponentielle en une décennie. En cinq ans, le trafic internet mondial a triplé. Chaque jour, dans le monde, en 2020, six individus sur dix se connectent à Internet, et la moitié de l'humanité utilise les réseaux sociaux. Nous, Français, passons 2 h 12 en ligne par jour[1]. Et n'oublions pas les quelque trois milliards de chats, chiens, bovins et autres bêtes qui sont aujourd'hui pucés dans l'optique de tracer leurs déplacements, collectant ainsi des données en continu. Au total, pas moins de 2,5 trillions d'octets de données sont générés chaque jour dans le monde. Aussi, on effectue quotidiennement 6,9 milliards de requêtes sur Google et on visionne un milliard d'heures de vidéos[2]. Les usages numériques polluent aujourd'hui autant que le transport aérien et

1. « L'année Internet en 2019 », Mediametrie.

2. En 2020, 2,7 milliards d'internautes utilisent Facebook (le quatrième site web le plus fréquenté au monde) et 1,1 milliard animent un compte Instagram. Rapport We Are Social / Hootsuite, avril 2020 ; YouTube ; Think with Google, Blog du modérateur, Brandwatch, Internet Live Stats.

consomment autant d'énergie que l'Allemagne et le Japon réunis.

Nos modes de fonctionnement

Internet me proposait, il y a vingt ans, de m'ouvrir au monde ; aujourd'hui, ma journée ne se passe pas sans qu'Internet fasse l'interface entre le monde et moi. Un quotidien à bout de doigts qui me rappelle que je suis devenue un être parfaitement digital, un *Homo digitalis*[1] dépendant de mon précieux smartphone. Depuis mon thé, que je commande en ligne le matin pour ne pas faire la queue à la boulangerie du coin, à mon équipe, que je préviens sur Work Chat que j'aurai – malgré tout – du retard, en passant par le Free Now que j'emprunte pour traverser Paris. C'est Deliveroo qui m'apportera mon déjeuner – via des humains à vélo très aimables, souvent mal payés et mal protégés, que l'on peut désormais appeler « HaaS » (*human as a service*)[2]. Instagram est chargé de me dire, toute la journée, combien on m'aime, et Twitter me tient à jour des dernières polémiques en vogue. LinkedIn m'aide à construire mon réseau et développer mon activité. Ce soir, pour me changer les idées, je visionnerai en streaming un épisode de *House of Cards* sur Netflix – que j'ai déjà vu dix fois. Et puis il y a mes indispensables : ma contraception, que je n'oublie pas grâce à l'app « iPilule », Petit

1. Une expression empruntée à la technologue et écrivaine Natasha Saxberg dans son livre homonyme paru en 2015.

2. En parallèle des technologies Saas (*software as a service*) ou BaaS (*blockchain as a service*), nous avons aussi créé les HaaS. Pour en savoir plus, lire le très bon *Human as a Service*, de Jeremias Pressl, Oxford University Press, 2018.

Bambou[1], quand mon moral est en berne, Messenger, pour discuter avec ma mère, WhatsApp avec mes amis de New York, Telegram avec les parlementaires. Leetchi, pour participer à la cagnotte du cadeau d'anniversaire de mon amie, même si je serai absente à la fête (j'ai une réunion sur Zoom à la même heure). Entre deux rendez-vous, je commanderai une paire de bottes et un chandail (fabriqués au Bangladesh) sur un site e-commerce qui livre en trois heures – des vêtements que je ne porterai sans doute jamais. Avec tout ce temps *dépensé* sur Internet j'ai le sentiment d'en avoir *gagné* beaucoup. C'est la magie du numérique : il comprime le temps et nous fait croire que nous pouvons faire davantage de choses.

À travers nos usages numériques, nous sommes comme cette personne qui vient de toucher un gros héritage et le dilapide sans chercher à le dépenser à bon escient. C'est ce que j'appelle le « syndrome du nouveau riche numérique », et nous en sommes tous atteints : nous usons des ressources naturelles de la planète pour la moindre de nos activités, qu'elle soit utile ou parfaitement futile.

Le coût carbone d'un selfie

15 000 km. C'est en moyenne la distance parcourue par une donnée numérique, qu'il s'agisse de l'envoi d'un e-mail, d'un « snap », d'une requête en ligne. Chaque année, selon l'Ademe, les allées et venues sur Internet d'une seule personne émettent autant d'équivalent carbone que 14 000 km parcourus en voiture[2]. Connaissez-vous le coût carbone d'un selfie ? Une

---

1. Application de méditation n° 1 en France.
2. « La face cachée du numérique », rapport de l'Ademe, 2017.

photo de soi-même publiée sur Facebook ou Instagram parcourt en moyenne 10 000 à 15 000 km dans les fibres électriques pour atteindre son centre de stockage, qui traitera notre requête, avant de faire apparaître le résultat sur le réseau social ; et tout cela à la vitesse de la lumière, ou presque. Une seule photographie postée sur les réseaux sociaux consomme autant d'énergie que trois à quatre ampoules de vingt watts restées allumées pendant une heure.

Alors il est facile de taper sur les réseaux sociaux, mais il arrive que les selfies permettent de lutter contre cette pollution à laquelle eux-mêmes contribuent. Souvenons-nous de Fatoumata Chérif, bénévole et militante guinéenne, qui a lancé, en Guinée, le #SelfieDéchet, se photographiant devant les décharges sauvages pour alerter le monde entier sur l'insalubrité de sa ville, Conakry. En légende de ses photos, la jeune militante inscrit : « Je suis sur cette photo, donc je suis responsable mais je suis aussi la solution. » Grâce à sa mobilisation en ligne, elle a réussi à attirer l'attention des médias internationaux, mais aussi du gouvernement guinéen. Le numérique est un outil merveilleux, je n'aurai de cesse de défendre cette opinion, dans la mesure où on apprend à l'utiliser de manière sobre et utile.

Mon compagnon est un véritable accro à Google. Il aime tout savoir et tout de suite. Quand nous prenons le petit déjeuner, nous abordons plein de sujets, allant de films dont on a adoré l'acteur principal, en passant par un débat sur le contexte social, l'éducation de notre fils jusqu'à l'apport calorique d'un hamburger. Chaque fois qu'un sujet fait polémique, il saisit son smartphone pour trouver la réponse. Moi aussi, j'ai recours aux moteurs de recherches, je ne vais pas vous dire le contraire. Nous essayons néanmoins d'en limiter l'usage autant qu'on le peut. La plupart du temps, je propose d'essayer de nous souvenir du nom de l'acteur principal de ce vieux film qui anime notre conversation, et que nous avons tous deux sur le bout de la langue. Quand nous savons que l'information est logée là, dans un coin de notre cerveau, la retrouver en premier sans aucune aide informatique devient un défi qui nous amuse.

Car voici l'envers d'une requête sur Internet : d'abord, nous faisons appel à un moteur de recherche, puis le *data center* qui héberge le moteur de recherche affiche sa page d'accueil sur notre écran. Ensuite, nous rédigeons la requête à l'aide de mots-clés : plus il y a de mots, plus la requête sera complexe et lourde, donc énergivore. Le *data center* nous envoie en quelques secondes (voire moins) les résultats de la recherche. Nous cliquons alors sur celui qui nous intéresse, action qui demande au *data center* de nous rediriger vers le site correspondant. Chaque seconde, 80 000 requêtes sont effectuées sur Google et chaque requête émet entre sept et neuf grammes d'équivalent carbone. Je vous laisse le soin de faire le calcul.

Malgré ces chiffres impressionnants, les usages internet quotidiens ne représentent pas la majeure partie de la pollution numérique environnementale. Un internaute pollue davantage s'il achète chaque année de nouveaux équipements électroniques neufs que s'il publie des selfies sur ses réseaux. Le problème n'est pas que nous utilisons les technologies, bien au contraire, mais que nous n'ayons pas d'alternative propre et moins coûteuse en énergie pour le faire. En tant que « nouveaux riches numériques », nous devrions apprendre la valeur de l'énergie, comme on apprend la valeur de l'argent.

Quels sont les sacrifices de la planète pour nous permettre un tel confort ? Voici l'envers du décor.

2. Internet : une pieuvre de métal gourmande en électricité

Comment Internet a câblé la planète tout entière

Internet consiste en des milliards de bouts de code informatique qui forment ensemble un langage et voyagent via un réseau de fibres électriques de l'épaisseur d'un cheveu[1]. 95 % des communications (e-mails, messages texte, requêtes informatiques et appels téléphoniques) transitent par des câbles en fibre optique dits « ensouillés ». Cela signifie qu'ils sont enterrés un à trois mètres sous le sol marin. Selon les rapports du centre de recherches TeleGeography, plus de 447 câbles s'étendent sous les sols marins et sur plus de 1,2 million de kilomètres[2]. Le câble Asia-America Gateway, qui relie les États-Unis à la Thaïlande, en passant par Singapour, le Vietnam et les Philippines, parcourt, à lui seul, plus de 20 000 km[3]. Greffés dans les entrailles de la planète, ces câbles assurent

---

1. Le terme « code informatique » désigne du texte chargé de transmettre des instructions à un programme informatique.

2. Voir la carte sous-marine des câbles des télécommunications, accessible gratuitement et mise à jour régulièrement sur www.submarinecablemap.com.

3. Tous ces câbles ne se valent pas. Il en existe de différentes longueurs, équipés ou non de certaines fonctionnalités : certains câbles sont, par exemple, dotés d'un répéteur (un appareil permettant de répéter à nouveau le signal entre deux nœuds du réseau afin d'étendre la distance de câblage et d'amplifier la connexion du réseau). Selon ces différences, ces câbles coûtent entre 30 millions et 700 millions d'euros l'unité.

99 % des communications intercontinentales. Sans eux, pas d'Internet.

Pour vous imager les choses : imaginez que ces câbles sont des routes à double-sens et que les véhicules qui y circulent sont nos activités numériques. Plus nos activités se multiplient, plus il faut construire de nouvelles routes pour éviter les embouteillages. Ces nouvelles routes permettent ce qu'on appelle, en langage informatique, la bande passante, c'est-à-dire la puissance du réseau. Plus nous allons sur Internet, plus le trafic augmente, et la bande passante s'assure qu'aucun ralentissement ne survienne. Internet ne doit jamais s'arrêter.

Le cloud est dans les océans

Le fameux *cloud* (l'ensemble des serveurs et des unités de stockage où nous hébergeons vidéos, photos, musique, etc.) n'a rien de la beauté et la volupté d'un nuage : il s'agit d'infrastructures métalliques physiques tangibles, logées au cœur des villes, au cœur de régions agricoles ou encore sous le sol des océans.

L'exploitation des sols marins n'est en réalité pas si récente que ça. Depuis son invention, dans les années 1980, le réseau internet suit les mêmes routes filaires que celles qu'empruntaient le téléphone et le télégraphe avant lui : des routes dessinées dès 1858. Au départ, le télégramme servait des intérêts géopolitiques. Les premières routes filaires maritimes avaient été pensées pour les armées britanniques, afin d'assurer la préservation et la défense de l'empire colonial. L'État français, quant à lui, s'en servait pour veiller sur les colonies et le commerce international. Quand le téléphone est arrivé, il a naturellement emprunté ces mêmes itinéraires[1].

Peu après l'invention du télégraphe, au début du XXe siècle[2], la radio, qui existe depuis un demi-siècle, connaît un essor important : elle propose des services nouveaux, à prix bien plus bas que ceux proposés par les compagnies de télégraphe. La raison ? Sa diffusion se fait par ondes courtes (ou hertziennes), en opposition aux méthodes des compagnies câblières sous-marines. En gros, la radio propose des liaisons téléphoniques intercontinentales, tandis que le télégraphe ne fait qu'acheminer des télégrammes[3]. Les compagnies câblières se retrouvent alors dans une situation difficile. Au bord de la faillite, elles sont secourues par les gouvernements français, britannique et américain, qui doivent préserver leurs avantages stratégiques. En cas de conflit politique, encore aujourd'hui, le télégramme reste un moyen de communication privilégié des gouvernements. Upstream et Tempora, les deux programmes américains de collecte de données dénoncés par Edward Snowden, en 2013, avaient été menés, justement, via ces câbles sous-marins. On est loin des films d'espionnage aux gadgets sophistiqués !

1. *Internet et câbles sous-marins. Quelle histoire !*, Arte, documentaire, février 2018 ; Julien Martel, Simona Mihaila, Youssoufa N'Diaye, Stéphane Rotenberg, Oumou Saar, « Les câbles sous-marins. Comment en comprendre les innovations ? », INSA-Lyon ; Daniel Headrick, « Le rôle stratégique des câbles sous-marins intercontinentaux, 1854-1945 », dans Pascal Griset (dir.), *Les Ingénieurs des télécommunications dans la France contemporaine*, Institut de la gestion publique et du développement économique, 2013.

2. « Les grandes dates de l'histoire de la radio », Unesco, Journées internationales, 2012.

3. Pascal Griset, Yves Bouvier, « De l'histoire des techniques à l'histoire de l'innovation. Tendances de la recherche française en histoire contemporaine », *Histoire, économie & société*, vol. 31, n° 2, 2012.

Dans les années 1970, après vingt ans de recherches, la fibre optique fait son apparition : un mode de transmission de l'information par la lumière. Il s'agit en fait de plusieurs fibres de verre logées à l'intérieur des câbles. Chaque câble, en fonction de sa taille et de sa capacité, peut contenir deux brins de fibre, comme plusieurs centaines. Chaque brin de fibre – de l'épaisseur d'un cheveu – est capable de transporter jusqu'à 25 000 appels téléphoniques. Un câble de plusieurs brins en transporte donc plusieurs millions.

Quand il s'agit de relier Paris à Meudon, on va se « contenter » de creuser sous les trottoirs ou sous les routes pour y déployer la fibre. En revanche, si l'on veut relier deux continents avec la fibre, on installera les câbles sous les sols marins. Pourquoi dessous ? Imaginez si l'on devait dresser des poteaux tous les cinquante mètres au-dessus des mers pour y suspendre des autoroutes de câbles ! Impossible. La transmission d'informations par fibre optique permet de gagner du temps. Et quelques dizaines de microsecondes économisées par la puissance de transfert de la fibre optique peuvent faire gagner des millions d'euros[1] : entre deux places boursières, la rapidité d'échanges de données est capitale. On parle de « trading haute fréquence[2] », où quelques millisecondes gagnées sur la rapidité de la transaction font toute la différence.

Les routes sous-marines existantes commençant à saturer, il faut donc en créer de nouvelles, et les GAFAM sont sur le coup. À l'origine, les câbles étaient

---

1. Camille Morel, Direction générale des relations internationales et de la stratégie du ministère de la Défense, « Les câbles sous-marins : un bien commun mondial », *Études*, mars 2017.

2. En français : « transactions à haute fréquence », soit l'exécution à grande vitesse de transactions financières faites par les algorithmes informatiques.

détenus et gérés par les seuls opérateurs télécoms nationaux. En d'autres termes, ils étaient la propriété des États. Mais la multiplication nécessaire des infrastructures des fonds marins a changé la donne : les câbles deviennent de plus en plus la propriété du secteur privé. Non seulement les géants du numérique sont désormais à l'origine de 40 % des commandes de câbles (contre à peine 10 % en 2013[1]), mais en plus, ils en ont la gestion. Ce faisant, ils font dévier les routes sous-marines inter-communicationnelles d'origine : les GAFAM créent leur propre « route de la soie » numérique en investissant massivement dans l'économie du trafic internet, dans le but premier d'assurer la bonne marche de leurs activités.

Google, qui concentre à lui seul 95 % des requêtes effectuées dans le monde, ne peut pas se permettre de *crasher*. La filiale d'Alphabet possède treize câbles sous-marins, dont deux à titre privé : Curie (d'après Marie Curie), un câble de fibre optique reliant Los Angeles à Valparaiso, au Chili. Et Dunant (pour Henri Dunant, fondateur de la Croix-Rouge), projet auquel le français Orange s'est associé. Dunant reliera les États-Unis et la France. Long de 6 600 km, il sera le premier câble sous-marin capable de transporter douze paires de fibres[2], chacune d'une capacité de plus de trente téraoctets par seconde[3]. Ici, plusieurs questions peuvent se poser, comme

1. Interview de Philippe Piron, *La Tribune*, novembre 2017.

2. Au lieu de six, voire huit, paires de fibres pour les infrastructures sous-marines telles que celles de Facebook ou de Microsoft.

3. On parle de paires de fibres, car l'une est dédiée au chemin aller, l'autre au chemin retour. Le tout est suffisant pour faire parvenir une vidéo de 1 Go en trente microsecondes (30 µs), c'est-à-dire un millionième de secondes ; une vitesse qui nous échappe, moyennant une exploitation totale de la vitesse estimée à 250 téraoctets par seconde, un record. À

la souveraineté et le caractère public des sols marins et l'impact environnemental causé au profit d'entreprises privées, sans aucune contrepartie. C'est une chose que des entreprises possèdent parfois des villes, des régions entières, mais quel message envoie-t-on si nous les laissons s'octroyer les entrailles mêmes de la planète, à titre privé ? La fabrication de la fibre optique nécessite l'usage de matières premières comme le plastique, le verre, mais aussi les terres rares, dont l'erbium. Au quotidien, la fibre optique peut se révéler précieuse, mais, ensouillée dans les sols marins, elle cause aussi l'acidification des eaux et le déséquilibre des écosystèmes vivants aquatiques. Et, de fait, elle augmente considérablement l'activité des centres de données, ces derniers étant réputés pour être de réels gouffres énergétiques.

Les centres de données sont-ils des monstres ?

Les données qui circulent grâce à ces fibres doivent bien être conservées quelque part : et, cette fois-ci, c'est principalement à la surface de la Terre que se trouvent les centres de stockage de données. Un centre de stockage de données (ou *data center*), c'est une immense bibliothèque composée de plusieurs étagères sur lesquelles sont entreposés des serveurs, lesquels collectent, analysent et renvoient toutes les données générées sur nos écrans. Toutes les requêtes formulées sur Internet – c'est-à-dire tout ce que nous faisons sur le Web, que nous aimions une photo sur Instagram, que nous envoyions un e-mail, que nous fassions du shopping – y sont envoyées, traitées, consignées… Google détient à lui seul plus 2,5 millions de

l'heure actuelle, les câbles sous-marins en service ont un débit moyen de 30 terabits.

serveurs. En France, on compte plus de 130 *data centers*, et il y en a des milliers d'autres sur le reste de planète[1].

En Virginie, Ashburn, située à 40 km de Washington D.C., est un paradis moderne : une terre abandonnée, des coûts énergétiques bas et de formidables incitations fiscales. La ville était exploitée par les géants des télécommunications et d'Internet, dès 1992, pour former la MAE-East (l'un des premiers centres d'échanges internet) qui est devenue, en quelques années, l'un des quatre points d'accès principaux au réseau internet. On l'appelle la « Data Center Alley » : 70 % des données mondiales y circulent quotidiennement.

Les États-Unis, leaders du marché du stockage de données jusqu'en 2016, sont progressivement rattrapés par l'Asie du Sud-Est, notamment grâce au développement infrastructurel et technologique chinois, dont plus des deux tiers des centres de données sont alimentés en énergie fossile provenant du charbon[2]. En France, la réponse européenne aiguise ses couteaux. À Marcoussis, en Île-de-France, se situe un des plus grands centres de stockage de données du pays. Sur 111 hectares, on se croirait sur un campus universitaire, sauf qu'ici, aucun étudiant, seulement des machines. Des hangars qui contiennent les informations sensibles de la plupart des entreprises du CAC 40. À l'instar de cet opérateur ou encore de Google, de plus en plus déclarent que leurs infrastructures consomment exclusivement de l'électricité provenant d'énergies renouvelables, mais personne, hormis les propriétaires, n'a vraiment de contrôle sur l'essor fulgurant de ces bâtiments.

1. Pascal Hérard, « Énergie : les “data-center” au cœur de la nouvelle donne mondiale », TV5 Monde, 20 août 2017.

2. Rapport « ClickClean », Greenpeace, 2017.

Évidemment, ces centres de stockage de données consomment énormément d'électricité pour fonctionner. En 2020, on prévoyait une consommation mondiale de 650 térawattheures (autant que ce que produit le secteur énergétique canadien), près de la moitié étant dédiée aux processus de refroidissement des machines[1]. Et ce n'est qu'un début quand on sait que le marché est en pleine expansion. Véritables radiateurs géants fonctionnant 24 heures sur 24, 7 jours sur 7, il se produit un effet Joule : un surplus de chaleur qu'il faut évacuer pour éviter les pannes. C'est ici qu'intervient l'eau, indispensable pour l'alimentation de leurs systèmes de climatisation, sans lesquels les machines surchauffent et s'endommagent.

3. Internet ne consomme pas que de l'électricité

Pourquoi Internet a-t-il besoin d'autant d'eau pour fonctionner ?

2015, Silicon Valley. J'achève une mission de travail pour une start-up basée à Palo Alto. Il fait une chaleur écrasante. Et de fait, une sécheresse endémique s'abat depuis près de cinq ans sur la côte ouest des États-Unis. Drew Fitzgerald, journaliste américain spécialiste des télécommunications, s'interroge, dans un article du *Wall Street Journal*, sur la soif inextinguible des centres de stockage de données : « Au milieu d'une sécheresse

1. Il reste difficile depuis ces dernières années de tomber d'accord sur la consommation d'énergie des centres de stockage de données dans le monde. Cela est dû, entre autres, à la complexité de calcul (il faut prendre en compte toute la chaîne de valeur et d'approvisionnement énergétique, tant pour la bonne marche de la machine que pour son refroidissement).

record en Californie et dans d'autres régions de l'Ouest américain, les machines qui se cachent derrière toutes les activités numériques, des photos Instagram aux marathons Netflix, requièrent d'importantes quantités d'eau pour les systèmes de climatisation nécessaires au refroidissement des serveurs[1]. »

Les 800 *data centers* implantés en Californie nécessitent, annuellement, pour fonctionner, la même quantité d'eau que l'équivalent de 158 000 piscines olympiques[2]. Sans parler de l'électricité qu'il faut pour transformer cette eau en climatisation. Un centre de données de taille moyenne (consommant environ 15 mégawatts) nécessite quelque 400 millions de tonnes d'eau par an pour rafraîchir les machines. L'équivalent des besoins en eau annuels de trois hôpitaux[3]. En 2019, 700 enfants meurent chaque jour dans le monde des suites de diarrhées dues au manque d'eau salubre, et 2,1 milliards de personnes ne disposent pas d'eau potable chez elles.

Or, les centres de stockage de données utilisent, la plupart du temps, dans leurs systèmes de refroidissement, de l'eau traitée. La plupart de ces centres de stockage de données sont équipés de climatiseurs dits « à eau perdue » : l'eau est évacuée dans les égouts une fois qu'elle a été utilisée pour refroidir l'air. À l'échelle mondiale, cela représente des centaines de milliards de litres d'eau. À l'échelle individuelle, cela signifie qu'un internaute consomme en moyenne 365 kilowattheures d'électricité et 2 900 litres d'eau par an pour sa seule utilisation d'Internet, soit de quoi survivre en

1. Drew FitzGerald, « Data centers and hidden water use », *The Wall Street Journal*, 24 juin 2015.
2. 451 Research, LLC Report, 2015.
3. Département de l'Énergie des États-Unis, 2015.

eau pendant deux ans et demi. Mais qu'importe, pour le moment, l'eau coûte moins cher que l'électricité.

Dans le monde entier, des chercheurs tentent de réduire la consommation électrique des serveurs. Ces travaux portent sur le développement de techniques comme la création de couloirs froids : l'air froid est directement soufflé sur la face avant des serveurs afin de les refroidir tandis que l'air chaud se trouve aspiré à la sortie vers le plafond. On peut aussi avoir recours au *free cooling* – qui consiste à refroidir l'air chaud issu des machines de manière naturelle, avec des ressources à basse température (eau, air, etc.) –, là où les températures et l'humidité ambiantes le permettent, notamment dans les pays d'Europe du Nord. Enfin, l'immersion des serveurs dans l'huile a, elle aussi, le vent en poupe : l'huile est un liquide non conducteur et non corrosif, qui absorbe jusqu'à 1 500 fois plus de chaleur que l'air. Cette méthode est déjà employée par le géant chinois de la vente en ligne Alibaba pour ses infrastructures de stockage. L'immersion dans l'eau est l'option privilégiée par Microsoft. Même si c'est est moins efficace que l'huile, l'eau reste malgré tout 800 fois plus dense que l'air ou tout autre gaz, ce qui permet de conduire et d'absorber beaucoup plus d'énergie, et donc de chaleur.

En 2018, à quelques encablures des îles Orcades, en Écosse, Microsoft ensouillait son projet Natick, prototypé par le groupe français Naval : 864 serveurs dans un conteneur, enfouis à 35 mètres sous l'océan. Ce choix permettrait une baisse de la consommation d'énergie grâce à un procédé de refroidissement par circulation d'eau de mer, couramment utilisé pour les sous-marins. Le tout alimenté en énergies renouvelables produites sur les îles écossaises alentour[1]. Cette même année, le service d'informatique en nuage (*cloud computing*, en anglais)[2] de Microsoft a généré 32 milliards de dollars de chiffre d'affaires, plaçant l'entreprise de Redmond en tête, bien devant AWS, le service équivalent de *cloud computing* du géant Amazon.

Au pôle Nord, le centre de stockage de données est le nouveau Père Noël

Ballangen, district d'Ofoten, nord de la Norvège. Ici, cinq maires se sont réunis pour faire de la région un haut lieu stratégique du stockage de données. Au bord d'un fjord, ils ont pour projet de fonder « Kolos », le plus grand centre de stockage de données (600 000 m^2, soit la surface de 80 terrains de football) exclusivement alimenté en énergie photovoltaïque. On dit du pays nordique qu'il est l'un des plus avancés au monde en matière d'énergies vertes, avec une capacité de production de près de 105 %.

Mais le projet Kolos n'est pas le seul à avoir élu domicile dans les régions du nord de la planète. Apple aussi lorgne ces grandes étendues vertes et compte y installer ses propres centres de stockage de données. Facebook a, quant à lui, déjà investi le Danemark et la région de Luleå, au nord-est de la Suède, tout près du cercle polaire. Les avantages infrastructurels de la région sont convaincants : de larges réseaux de fibre optique et la capacité de réduire les coûts de refroidissement. En bénéficiant de températures naturellement basses, il est plus facile de faire descendre la température des machines. Il faut savoir

1. Marc Zaffagni, « Projet Natick de Microsoft : un *data center* sous-marin au large de l'Écosse », *Futura Tech*, juin 2018.

2. Il s'agit du stockage de données dans des serveurs à distance.

que l'électricité nécessaire au fonctionnement de ces dernières représente au moins 40 % des coûts d'exploitation d'un centre de stockage de données, ce qui a un impact non négligeable sur leur rentabilité, mais aussi sur leur compétitivité. Ainsi, en implantant ce projet au cœur de régions naturellement froides, les besoins en climatisation, et donc en énergie, sont drastiquement réduits, représentant ainsi des économies financières considérables, de plusieurs centaines de milliers à plus d'un million de dollars chaque année. Assurer le fonctionnement de ces machines juchées sur les rives des fjords requiert une production pouvant aller jusqu'à 1 gigawatt d'énergie, soit l'équivalent d'une ville de trois millions d'habitants.

Ces stratégies sont-elles réellement d'ordre écologique, ou purement financier ? Le froid naturel de l'Antarctique et du fond des océans convertis en réfrigérants naturels est-il la solution pour refroidir à moindre impact environnemental ? Est-ce qu'à terme, à l'inverse, les centres de données ne réchaufferaient pas les parties les plus froides de la planète ? Ces questions me sont souvent posées.

Cette crainte m'a ainsi conduite à m'intéresser à la thermodynamique, discipline qui observe et traite des transferts d'énergie, des états et des propriétés de la matière. Les lois de la physique veulent que l'énergie se déplace sans cesse, et, dans ce processus, le chaud et le froid tendent à s'équilibrer de manière à ce que la chaleur s'écoule toujours du corps le plus chaud vers le corps le plus froid, jamais l'inverse.

Dans ces conditions, il est fort probable que les centres de stockage de données situés dans l'Antarctique soient refroidis naturellement, non pas grâce au froid qui s'écoule de la banquise vers la machine, mais plutôt par le transfert de chaleur de la machine vers la banquise. Ce qui n'est sensiblement pas la même chose sur le plan environnemental, et pas la même histoire à raconter. Cette loi physique est un détail qui ne saute pas aux yeux, car il faudrait que l'on ait tous, a minima, étudié les bases de la thermodynamique appliquée à notre contexte économique. Et les génies qui ont pensé cette stratégie de refroidissement l'ont bien compris[1].

4. Les énergies vertes parfois grises

Je suis une femme de la campagne. Mes souvenirs les plus précieux trouvent leur écho au milieu des champs de fleurs, de blé, et d'orge. Un peu partout, en France et dans le monde, ceux-ci sont remplacés par les fermes solaires. Ces fermes n'abritent non pas du bétail mais des technologies produisant l'énergie verte. Les agriculteurs, las de vendre à perte des denrées alimentaires qu'ils récoltent sur des sols perfusés aux pesticides[2], finissent parfois par jeter l'éponge et vendre leurs terres aux professionnels de l'énergie.

Depuis une quinzaine d'années, les éoliennes semblent toujours plus grandes, toujours plus nombreuses. Ces technologies sont érigées en sauveuses, car elles produisent des énergies dites « renouvelables » (EnR), par opposition aux énergies fossiles (pétrole, charbon, gaz, etc.) qui sont, elles, limitées. Les technologies des

1. Kolos a finalement été vendu en 2018 pour 9,9 millions de dollars à Hive Blockchain pour devenir un site d'exploitation minière de cryptomonnaie.

2. Il faut trois ans à une terre agricole traitée pour que les sols se renouvellent et se réassainissent avant de pouvoir revendiquer des récoltes issues d'agriculture biologique.

énergies renouvelables produisent en continu, tant que le vent souffle et que le soleil brille. On part du principe qu'elles sont inépuisables, et c'est une bonne nouvelle. On se croirait presque dans *L'Arbre des fées*, de Paul Fort !

Faisons un petit tour d'horizon sur les énergies renouvelables. Les plus utilisées sont le photovoltaïque (qui utilise l'énergie solaire), l'éolien (qui utilise l'énergie cinétique du vent), la géothermie (celle de la chaleur des sous-sols), l'hydraulique (qui transforme l'énergie des courants marins et fluviaux en électricité) ou encore la méthanisation (transformation des matières organiques en biogaz). La plupart d'entre elles permettent de produire de l'électricité en émettant peu ou pas de CO_2, car elles ne fonctionnent pas selon un principe de combustion, contrairement au charbon, au gaz ou au pétrole[1]. Jeremy Rifkin, l'une des grandes voix de l'écologie politique, semble penser qu'on évitera l'effondrement en construisant une société qui fonctionne entièrement grâce aux énergies renouvelables. Selon lui, cela pourrait se produire quand le pic de la demande en pétrole croisera la chute des prix des énergies solaire et éolienne, bien moins coûteuses que la production d'énergies fossiles ou du gaz naturel[2].

En effet, si l'on augmente la production d'énergie, même renouvelable, pour répondre aux besoins croissants de nos sociétés du tout-numérique, il faudra, de fait, en multiplier les infrastructures (éoliennes, panneaux

1. Cela dit, ce n'est pas le cas de la biomasse, un autre type de production d'énergie renouvelable, qui consiste en la combustion de bois ou de biocarburants, ce qui occasionne du rejet de CO_2.

2. Jeremy Rifkin, *Le New Deal vert mondial. Pourquoi la civilisation fossile va s'effondrer d'ici 2028. Le plan économique pour sauver la vie sur Terre*, Les Liens qui Libèrent, 2019.

solaires, etc.). Or, les technologies photovoltaïques aussi bien qu'éoliennes nécessitent l'utilisation de terres rares – comme toute technologie électronique. Plus nos besoins en éoliennes et panneaux solaires augmentent, plus nous allons devoir en exploiter, ce qui aura les mêmes conséquences environnementales que celles de la fabrication débridée de smartphones et autres objets connectés. Pour produire de l'énergie renouvelable donc, il est nécessaire d'utiliser des ressources non renouvelables. Autrement dit, pour faire du non polluant, il va falloir polluer. À titre d'exemple, pour fabriquer un panneau solaire, il faut du germanium, du silicium métal, du cadmium, du gallium ou encore de l'indium, tous répertoriés par la Commission européenne comme ressources critiques, dont le taux de recyclage établi est très faible, exception faite du cadmium et du silicium[1]. De même, pour fabriquer une éolienne, on aura recours au néodyme, au lithium, au dysprosium ou encore au terbium.

Si les énergies renouvelables émettent peu de CO_2, leurs infrastructures en émettent tout au long de leur cycle de vie, de la fabrication au recyclage. La fabrication des pièces comme les turbines, les pales (pour les éoliennes) ou les lingots de silicium (pour les panneaux photovoltaïques) rejette des gaz à effet de serre lorsque les matières premières sont transportées vers les lieux de fabrication, puis vers les lieux d'installation, sans compter leur recyclage et la fabrication en elle-même. En outre, rappelons qu'il est difficile de stocker les énergies renouvelables sans avoir de batteries à disposition, batteries qui nécessitent elles aussi des terres rares.

1. Tableau récapitulatif des taux de recyclage des métaux issu du rapport « Recycling Rates of Metals: A Status Report », United Nations Environment Program, 2011.

Ce n'est pas tout. L'emplacement des éoliennes nous amène aussi à nous interroger : il arrive que ces dernières portent préjudice aux oiseaux et aux chauves-souris, se trouvant sur leurs routes migratoires ; un aspect qui est rarement étudié en amont de l'installation[1]. Il arrive que des barrages hydrauliques détruisent régulièrement des écosystèmes aquatiques entiers dans nos régions. Les conséquences environnementales de ces installations sont aussi peu connues qu'elles sont graves : disparition de forêts et, par conséquent, des habitats naturels de certaines espèces animales, érosion des sols et inondation des vallées, arrêt brutal de la migration de certains poissons, etc.

Les énergies renouvelables deviennent de plus en plus populaires avec la mouvance des villes décarbonées, l'attrait grandissant pour les SUV électriques et la construction en hausse d'immeubles écoresponsables. Mais sachant tout cela, on peut désormais se demander si l'on a bien fait d'acheter une voiture électrique, censée ne pas polluer, mais ayant tout de même un impact sur l'environnement tout au long de son cycle de vie, du fait des métaux utilisés nécessaires à sa fabrication, ses recharges en électricité (fossile ou renouvelable) jusqu'à son recyclage. Et la question se pose d'autant plus vivement que, désormais, ces véhicules « verts » sont produits en masse. À cette question, il n'y a néanmoins pas de bonne ou de mauvaise réponse : il faut faire preuve de bon sens. S'il s'agit d'une voiture que l'on utilise tous les jours pour se rendre au travail, faire ses courses, aller chercher ses enfants à l'école et partir en vacances, il semble alors que le ratio en émission carbone par rapport à un véhicule thermique

---

1. « Le parc éolien français et ses impacts sur l'avifaune », LPO France, juin 2017.

(à essence ou diesel) est négatif. Mais s'il s'agit d'une voiture que l'on utilise seulement le week-end, l'impact positif sur la planète risque d'être limité.

En 2015, la vidéo d'une tortue de mer blessée à la cavité nasale par une fourchette en plastique émeut le monde entier sur les réseaux sociaux. Depuis, la tendance est aux emballages jetables biodégradables. Chaque entreprise y va de son innovation. Alors que j'étais en vacances à Venise – il y a deux ans –, sur la plage du Lido, j'ai aperçu un groupe de vacanciers quittant la plage en laissant, derrière eux, leurs packs de bières vides. Les mouettes se sont jetées sur les déchets restés à l'abandon. J'ai alors interpellé le groupe. L'un des vacanciers m'a répondu que, de toute façon, l'emballage de ces bières était biodégradable dans la mer et tout à fait sans danger. J'étais non seulement abasourdie par ce que je venais d'entendre, mais aussi surprise par le parti pris de ces innovation : elles proposent aux consommateurs une bonne conscience, sans remettre en cause les comportements.

Le problème est exactement le même avec les énergies « renouvelables » qui, pour l'instant, sont plus grises que vertes : tant que nous n'aurons pas optimisé les rendements de production sans abîmer la planète et que nous ne modifierons pas nos comportements, la transition énergétique restera… une transition. Il va nous falloir, un tant soit peu, nous adapter au monde.

5. Réduire notre impact

Quand j'étais adolescente, un car venait me chercher tous les matins pour m'amener au lycée, situé à plus de vingt kilomètres de notre maison. À l'arrêt qui suivait, pendant plusieurs années, montait dans ce car une jeune fille solitaire. Elle avait attiré mon attention en raison du fait qu'elle ne souriait jamais et ne regardait jamais personne. Puis, un matin, on ne la revit plus. Ne sachant pas comment elle s'appelait, je n'ai pu savoir ce qu'elle était devenue. La rumeur courait qu'elle souffrait de boulimie, une maladie qui se caractérise par des crises au cours desquelles une personne absorbe, de manière compulsive, de grandes quantités de nourriture, dans un temps court, à n'importe quelle heure du jour et de la nuit.

En écrivant ce livre, j'ai fortement repensé à cette jeune fille. Je me suis demandée pourquoi nous surconsommions le numérique. La « surconsommation » est sans conteste l'un des maux les plus préoccupants de notre siècle. Une récente étude a mis en avant le fait que, d'après les Français, la situation de détresse des urgentistes dans les hôpitaux (qui sévissait bien avant la crise de la Covid-19) résulte de deux facteurs. D'abord, le manque de moyens humains et financiers mis à la disposition des hôpitaux. Ensuite, la surconsommation de soins : nous serions trop enclins à nous rendre à l'hôpital pour soigner le moindre bobo[1]. À l'instar du problème hospitalier, c'est notre surconsommation numérique qui a fait du numérique un problème et un facteur de dérèglement climatique, tant et si bien qu'aujourd'hui, il représente 4 % des émissions de gaz à effet de serre mondiales, soit 1,5 fois plus que l'aviation civile[2].

Il existe cependant de nombreuses façons de réduire sa consommation numérique. Je suis partisane d'un

1. Sondage Opinion Way en collaboration avec Square Management.
2. Rapport 2018 du Shift Project.

changement de comportement progressif, par étape, et adapté à chacun. La raison est simple : personne ne se contraint naturellement. On ne peut faire passer une société tout entière de l'opulence à la frustration. Comme je me plais à le dire, on ne peut pas faire passer les gens du dessert au désert ! Essayez de retirer son smartphone et ses réseaux sociaux préférés – toute sa vie ! – à une adolescente de 15 ans. Je vous souhaite bonne chance. Mais essayez, au contraire, de lui expliquer comment mieux s'y connecter, et pourquoi c'est important d'en avoir une utilisation vertueuse : vous pourriez être surpris du résultat.

Pour réduire son impact numérique environnemental, on peut déjà faire en sorte de conserver ses appareils le plus longtemps possible (rappelez-vous, la fabrication des appareils représente la majeure partie de la pollution numérique). On peut aussi privilégier le réseau wifi plutôt que la 4G, qui consomme 23 fois plus d'énergie (parce que le réseau mobile à très haut débit sollicite essentiellement les antennes relais, des émetteurs-récepteurs très énergivores). Cette technique est particulièrement utile lors des requêtes comme le stockage sur le cloud ou le partage de photos. Enfin, éteindre sa box internet quand on ne s'en sert pas. Par exemple, en partant le matin au travail ou avant d'aller dormir. Cela peut d'ailleurs représenter 80 euros d'économie par foyer et par an[1]. Cette action est en général peu populaire, car on craint que la relance de la box nous fasse « perdre du temps ». Or, cette action est complètement indolore de nos jours, en plus de faire du bien au porte-monnaie et à la planète.

1. Ademe, 2019.

Chapitre 3

Le recyclage

Il faut se dire les choses : on ne sait pas recycler. Ou peut-être ne voulons-nous pas le faire, tout simplement. Dans tous les cas, ce n'est pas culturel et il va falloir que ça change. En 2017, 835 millions d'équipements électroniques ont été mis sur le marché français, un équivalent de plus de 1,8 million de tonnes de DEEE (déchets d'équipements électriques et électroniques). C'est 186 fois le poids de la tour Eiffel[1].

1. Agbogbloshie

À l'abri des regards, le bidonville d'Agbogbloshie, situé à une quinzaine de minutes d'Accra, la capitale du Ghana, est, depuis une dizaine d'années, la « poubelle électronique de l'Europe ». Un cimetière de matériel informatique en tout genre qui s'étend sur plus de dix kilomètres. Des enfants et des adolescents brûlent à ciel ouvert des appareils pour en extraire des métaux. Le processus est nocif : le site est dominé par des fumées noires et des vapeurs cancérigènes. En

1. Selon le site tour-eiffel.fr, le poids de la tour Eiffel est de 10 100 tonnes. Registre DEEE, rapport annuel 2017, Ademe.

2020, l'humanité a produit quelque 50 millions de tonnes de déchets électroniques chaque année, 7 kg par personne[1].

L'Union européenne est championne dans l'expédition de ses déchets électroniques au Ghana, suivie par les États-Unis. Pourtant, la convention de Bâle interdit, depuis 1989, d'exporter des déchets électroniques vers des pays émergents[2]. Alors comment cet export illégal est-il possible ? La ruse n'est pas très complexe : ces équipements hors d'usage sont officiellement expédiés comme s'ils étaient destinés à être « réutilisés ». Sur place, cette combine arrange tout le monde, elle représente une source d'emplois et une manne financière non négligeables.

Le Ghana était le premier producteur mondial de cacao, jusqu'à ce que sa voisine la Côte d'Ivoire ne le détrône[3]. C'est aussi un des principaux exportateurs d'or[4] et de pétrole[5]. Dans ce pays situé au sud du golfe de Guinée, bordé au nord par la savane et

---

1. E-waste Report, World Economic Forum, 2018 ; Ghana situation Report, UN, 2018.

2. La convention de Bâle, qui interdit tout échange de déchets contenant des substances toxiques vers les pays en développement, est entrée en vigueur en 1992.

3. À eux seuls, le Ghana et la Côte d'Ivoire représentent 60 % de la production de cacao mondiale (Agnès Faivre, « *Cacao : la Côte d'Ivoire et le Ghana passent à l'attaque* », *Le Point Afrique*, juillet 2019).

4. Derrière la Chine, l'Australie, la Russie, les États-Unis et le Canada. L'Afrique du Sud est sortie du classement, depuis qu'à Mponeng la mine d'or la plus profonde du monde (s'enfonçant via des ascenseurs sous plus de 3,4 km sous terre) n'est plus rentable. Pour aller plus loin, voir JP Casey, « History of mining in South Africa : Early industrial developments », *Mining Technology Review*, mai 2019.

5. Pierre Magnan, « Le Ghana, nouvelle puissance pétrolière », France Info Afrique, 2017 ; « Ghana – Pétrole : un demi-milliard de barils découverts au large du pays », *Le Point Économie*, janvier 2019.

au sud par les forêts tropicales, je m'aventure sur le port de Tema et discute avec quelques personnes en charge des importations d'équipements électroniques. Des hangars entiers y sont dédiés. J'apprends que les déchetteries européennes et états-uniennes se mettent d'accord avec des Ghanéens installés dans les pays du Nord, chargés d'expédier par voie maritime des cargaisons entières d'ordinateurs et de téléphones portables. Lorsque ces dernières arrivent à Tema, le matériel qu'elles contiennent est vendu à des grossistes. « À peine quatre ou cinq ordinateurs sont récupérés pour équiper les écoles, sur des milliers qui finissent à Agbogbloshie », me confie un responsable d'association du domaine de l'environnement. Là-bas, des acheteurs font travailler des enfants payés un dollar par jour quand le butin est satisfaisant. Pour cela, ils doivent brûler les appareils avec du détergent, après les avoir disséqués, sans casques ni gants, récupérer l'or et le cuivre, vendus ensuite à des négociants indiens, qui, eux, s'en serviront pour la fabrication de bijoux bon marché, vendus en Europe ou aux États-Unis. Pour ces enfants pistonnés par un cousin ou un parent, c'est un « job en or », me confie l'un d'eux. En effet, de nombreux autres rêveraient d'être à leur place.

Pourtant, ces « burner boys » ou « salvagers » (récupérateurs) sont quotidiennement exposés à des substances dangereuses, à commencer par le plomb (que l'on retrouve notamment dans les tubes cathodiques des écrans d'ordinateurs), qui affecte les systèmes sanguin, nerveux et reproductif ; ou encore le cadmium, un métal présent dans les batteries d'équipements électroniques, qui peut endommager les os mais aussi les reins. Sans parler des quantités importantes du mercure présent dans les écrans plats (dont l'interdiction en France est entrée en vigueur en 2009, après qu'on a découvert que ce dernier participait à l'endommagement du cerveau, en particulier chez les jeunes enfants) et enfin, des matériaux comme le PCB (un isolant thermique et électrique) ou le plastique PVC qui, une fois brûlés, rejettent des fumées cancérigènes qui affectent les organes respiratoires et cardiovasculaires, lorsque celles-ci sont inhalées[1]. Le traitement archaïque de ces DEEE provoque aussi la contamination des sols, là où les bovins viennent paître, mais aussi des cours d'eau puisée par les populations et bue par les animaux. En quinze ans, la pêche au Ghana a chuté de moitié, l'une des raisons étant l'empoisonnement des poissons aux produits chimiques rejetés.

Mais « la fleur de lotus naît dans la boue », dit l'adage bouddhiste. Il y a d'autres choses à y voir. J'ai rencontré un jeune homme qui fabrique lui-même des objets d'art à partir des composants électroniques qu'il récupère. Il a, depuis, ouvert une petite galerie d'art de fortune où il vend ses créations. « Je suis très content de ce que je parviens à faire, mais on me dit ici que personne ne voudra de mes déchets. » Je lui ai alors parlé de Nick Gentry, un artiste britannique mondialement connu pour ses œuvres d'art réalisées à partir de déchets électroniques, mais aussi de l'Argentine Elisa Insua, artiste visuelle engagée sur l'enjeu du recyclage. En 2013, le designer DK Osseo-Asare cofonde avec Yasmine Abbas – tous deux diplômés de l'université Harvard et du MIT – Agbogbloshie Makerspace Platform. L'idée : promouvoir des méthodes de recyclage respectueuses de l'environnement et réfléchir à des projets d'architecture

---

1. Kevin Brigden, Iryna Labunska, David Santillo, Paul Johnston, « Chemical contamination at e-waste recycling and disposal sites in Accra and Korforidua, Ghana », Greenpeace Report, 2008.

alternatifs. Une idée fortement inspirée par l'architecte hongrois Yona Friedman, engagé en faveur des villes construites et improvisées par ses usagers[1].

Mais ces quelques belles histoires ne suffisent pas, hélas, à régler le problème sanitaire et environnemental qu'occasionne ce trafic.

Puisque ces accords multilatéraux ne sont pas toujours respectés, des spécialistes proposent des solutions alternatives, comme la responsabilité financière du recyclage ou du réemploi des équipements des fabricants et des revendeurs. Dans ces conditions, il y aurait de fortes probabilités que le coût du recyclage soit en partie imputé au consommateur, en se répercutant sur le prix de vente : cette mesure serait alors rapidement impopulaire. L'autre piste serait l'écoconception matérielle, c'est-à-dire l'incitation à la fabrication d'équipements électroniques avec un recyclage des métaux critiques, faute de pouvoir s'en passer. Un travail initié depuis plusieurs années désormais avec Digital For The Planet, mais il reste beaucoup à faire. Pour l'heure, seuls 20 % des appareils électroniques sont recyclés sur le sol français, ce qui reste trop peu. Quant aux métaux rares, on n'en recycle qu'un maigre pourcentage. Cela tient en partie au fait qu'ils sont composés à partir d'alliages de métaux rares et qu'il faut, pour recycler les terres rares, défaire les alliages, ce qui n'est pas chose aisée : un peu comme si l'on voulait séparer l'eau du sel, de la farine et de la levure d'une miche de pain. Il existe pourtant des technologies qui permettent de le faire, mais leur utilisation reste marginale, car onéreuse.

Si l'on s'inspire des artistes et architectes en herbe d'Agbogbloshie, on pourrait créer et valoriser une

1. Dylan Gamba, « À Agbogbloshie, une plateforme collaborative pour promouvoir le "up-recycling" », *Le Monde*, juin 2020.

économie du réemploi et la circularité des matériaux pour la fabrication d'appareils reconditionnés à grande échelle, au Ghana comme ailleurs. Cela exigerait un encadrement, ainsi qu'une protection sanitaire et sociale des mains ouvrières. À l'évidence, nous n'avons pas encore trouvé le moyen de garantir la valeur ajoutée financière d'une telle initiative, sinon ce serait déjà fait. Ce qui est certain, c'est que les industriels ne peuvent plus se permettre de fabriquer un produit sans se soucier du cycle de vie de celui-ci. Il est aisé de reprocher aux pays du Sud leur manque d'hygiène et d'écologie quand les pays du Nord en sont les principaux commanditaires. Blâmer ne semble guère suffisant de nos jours. Pour endiguer ce fléau et permettre une meilleure gestion des sommes astronomiques de déchets électroniques, il convient de commencer par mesurer cette quantité. Cela peut se faire en suivant, de manière aussi locale que possible – pays par pays pour commencer –, le taux de réemploi des équipements, la production de déchets par catégorie, leur taux de recyclage et celui de leur valorisation, évidemment.

2. Des déchets ou des rejets ?

Le futur dépendra de la manière dont nous nommons les choses. Le mot « crise », par exemple, employé dans à peu près tous les domaines : économique, sanitaire, écologique… est très impersonnel. Quand une crise survient, tout le monde est un peu responsable. Autrement dit, personne. Il est des mots qui, dès l'instant où ils sont prononcés, désengagent de toute responsabilité.

Qu'est-ce qu'un déchet ? À quel moment un objet en devient-il un ? Lorsqu'il devient inutilisable ou quand on ne veut plus s'en servir ? Un déchet est un objet qui n'a plus de valeur ou plus d'utilité, mais un objet qui n'a plus d'utilité est-il nécessairement un objet qui n'a plus de valeur ? Les poubelles, décharges et bennes à ordures recèlent de trésors insoupçonnés. Nous jetons, car nous n'avons pas appris à réinventer l'utilité de ce dont on se débarrasse. Nous avons appris à créer de la valeur en produisant, en créant des flux, pas en optimisant les stocks. Dans la même veine, des chercheurs estiment que nous avons davantage de métaux extraits que de métaux à extraire. Si nous étions capables de revaloriser les métaux qui sommeillent dans les appareils que l'on n'utilise plus, dormant dans nos tiroirs, nous devrions être en mesure de systématiquement fabriquer des appareils à partir de métaux récupérés, plutôt que d'en extraire à nouveau.

Dans les montagnes berbères, dans les plaines africaines de nombreux pays ou encore dans certaines contrées d'Amérique du Sud, rien ne se jette, tout se réemploie. Les poubelles n'existent pas. Les modes de pensée occidentaux sont radicalement différents, et ce pour trois raisons majeures : d'abord à cause de ce que l'on appelle « l'économie des flux », ensuite parce que nous péchons par manque d'imagination et de volonté, et enfin par manque d'humilité.

3. L'économie des flux : et si les déchets créaient de la richesse ?

Les bouteilles en plastique

Nous nous comportons encore comme des économistes d'un autre temps. C'est le génie de notre époque : réussir à être tout à la fois visionnaires et en retard. Nous continuons d'être guidés par d'anciens modèles, comme celui du PIB par le flux. Nous respectons sagement la chaîne « production de matières premières – production de produits finis – vente/achat – usage – fin d'usage – déchets ». C'est en effet, encore de nos jours, la production de flux qui fait la valeur. Si nous n'avons pas encore mis en place de système de valorisation des stocks (donc des déchets) à grande échelle, c'est parce que l'on considère que les déchets ne sont tout simplement pas créateurs de valeur économique suffisante.

Cela dit, il faut apporter de la nuance au propos, car l'enfer est parfois pavé de bonnes intentions. Prenez le plastique. En France, il se vend 175 bouteilles d'eau par seconde, soit 5,5 milliards par an, ce qui a un double effet : la dégradation de l'environnement et l'extrême enrichissement des pétrochimistes et plasturgistes[1]. Au début du XXe siècle, le plastique promettait d'innombrables avancées, allant de la construction d'équipements automobiles jusqu'au confort du foyer. La croissance économique que le monde connaît depuis la Seconde Guerre mondiale n'aurait pas été possible sans le plastique, comme le rappelle le think-tank La Fabrique écologique. À l'époque, on ne tarissait pas d'éloges sur ce fabuleux matériau : hygiène, résistance aux chocs et aux variations de température, facilité de mise en forme, imputrescibilité. Et l'invention de la bouteille en plastique apparaît alors comme une idée brillante qui améliore à la fois le

1. La France fait partie des plus gros consommateurs de bouteilles d'eau en plastique, en cinquième position mondiale, derrière le Mexique et la Thaïlande (qui n'ont pas accès à l'eau potable).

confort et crée une économie de marché solide. Mais entre-temps, la bonne vieille idée marshallienne, selon laquelle le but d'une entreprise est la maximisation des profits, a naturellement augmenté la cadence : on fabrique de nouveaux besoins en développant de nouveaux usages. Par exemple, on a fabriqué l'idée (aujourd'hui parfaitement admise) qu'une bouteille d'eau, une fois vide, se jette. Ce qui est objectivement une folie ! Si vous ramenez un récipient en plastique dans les montagnes nord-africaines, vous pouvez être sûr qu'il sera recyclé en jarre à épices ou en boîte à gâteaux. Que se passerait-il si demain nous changions du tout au tout notre rapport au fait de jeter ? Cela transformerait très certainement le fonctionnement de l'économie de marché actuelle, et même l'histoire du monde.

Faire durer ses appareils électroniques

Revenons à nos objets numériques. Bien qu'il existe depuis longtemps de nombreux articles traitant des questions du bon usage des appareils électroniques, je n'ai appris que très tard comment entretenir les miens et les conserver en bon état de marche plus longtemps. Il s'agit de pratiques élémentaires, ce qui est encore plus surprenant. Mais peut-être ne me sentais-je pas concernée, tant que je ne savais pas véritablement ce qui se cachait derrière chacun des ordinateurs et des téléphones que je possédais.

Le premier ennemi des outils numériques est la chaleur. Comme nous l'avons vu, les centres de données ont besoin d'être constamment refroidis, il en va de même pour nos appareils. En surchauffe, leurs propriétés électroniques s'altèrent et leurs performances sont réduites. La surchauffe des ordinateurs portables s'accélère lorsque le système de ventilation de l'ordinateur est obstrué. C'est ce qui se passe lorsque nous posons notre ordinateur sur nos genoux, sur le lit ou sur un coussin. Il vaut donc toujours mieux le poser sur une surface plane et lisse. Si un ordinateur souffle beaucoup ou que nous en avons un usage fréquent – c'est le cas par exemple des adeptes des jeux vidéo ou des graphistes –, il faut investir dans un ventilateur pour ordinateur, un support modulable dont le coût se situe généralement entre 10 euros et 30 euros, qui se branche par voie USB. Il faut aussi penser à nettoyer régulièrement le système de ventilation à l'aide d'une bombe à air sec afin de déloger la poussière qui s'y accumule, obstruant ainsi les canaux d'aération. Enfin, pensez à débrancher le chargeur quand l'ordinateur est chargé au maximum : un ordinateur en charge chauffe beaucoup plus vite que s'il est autonome.

Pour ses smartphones, Apple a développé une protection anti-surchauffe lorsqu'un téléphone reste, par exemple, trop longtemps exposé au soleil. Un message s'affiche indiquant que le téléphone a dû s'éteindre pour préserver le système. Il faut également supprimer régulièrement les applications que l'on n'utilise pas ou très peu. Cette dernière pratique, particulièrement efficace pour optimiser la santé de la batterie – le composant le plus vulnérable d'un smartphone –, n'est pas forcément intuitive. Ce qui m'a poussée à le faire, ç'a été de m'imaginer faire couler l'eau de la douche sans que personne y entre. Le principe est absolument le même.

Pourquoi changeons-nous souvent de téléphone ou d'ordinateur portable ? Le plus souvent, c'est l'autonomie de plus en plus faible d'un outil connecté qui incite son propriétaire à en changer. Le plus simple est donc d'en remplacer la batterie, et le prix reste bien plus avantageux que de racheter un appareil neuf. Oui, les consommateurs qui changent de téléphone parce que ce dernier est vraiment cassé représentent une minorité : une étude menée au Royaume-Uni en 2011 a montré que 59 % des téléphones remplacés fonctionnent encore bien, voire très bien.

Pourquoi changeons-nous de téléphone ou d'ordinateur, même quand nous arrivons à les faire durer ? Les raisons sont nombreuses. Il y a d'abord une raison matérielle et logicielle : la technologie évolue très vite, si bien que de nombreux services ainsi que certaines applications ne fonctionnent pas sur des appareils qui ont, pourtant, à peine quelques années, devenant alors obsolètes. Ainsi, l'application WhatsApp n'est pas disponible pour les iPhone précédant le modèle 3GS. Sans oublier les offres commerciales alléchantes, qui poussent les consommateurs à acquérir un nouveau téléphone portable alors que leur ancien fonctionne toujours. Mais si nous tenons vraiment à en changer, nous pouvons, a minima, déposer l'ancien appareil dans des ateliers de recyclage ou dans un point de collecte, comme Les Ateliers du Bocage : des ateliers de réparation fondés par Emmaüs qui, au-delà de réduire les émissions de gaz à effet de serre, créent de l'emploi. En 2018, plus de 200 000 téléphones ont été récupérés, dont la majorité envoyée au recyclage[1].

Qu'en est-il d'être « à la pointe de la mode » ? Je donnais, en 2020, une petite conférence matinale, dans un collège situé au cœur d'un quartier populaire. Pour la plupart des élèves présents, détenir un smartphone

1. Marine Lamoureux, « Les Ateliers du Bocage offrent une seconde vie aux smartphones », *La Croix*, septembre 2018.

dernier cri est synonyme de réussite. Pendant deux heures, nous avons parlé de téléphones et de pollution numérique. Nous avons aussi beaucoup parlé du regard des autres et de l'importance de « donner à voir ». J'ai évoqué le travail des enfants congolais et les conséquences sur la planète. Ils étaient tous très silencieux et attentifs. Soudain, l'un des collégiens, Aboubakr, prend la parole et lance : « La prochaine fois qu'on me dit que mon téléphone [qui est fêlé] est nul, je répondrai que ce qui est nul, c'est de ne pas faire attention aux autres et à la planète ! » J'étais très émue, parce qu'il a raison : l'époque a changé. Être à la pointe de la mode, ce n'est plus avoir les derniers objets et en racheter tous les six mois. C'est consommer avec mesure, en ayant conscience de l'impact que cela produit sur la planète.

4. Le manque d'imagination et de volonté

Pour moins polluer, il faut non seulement *moins* mais aussi *mieux* produire. Si nous réduisons la fréquence et la récurrence de nos achats d'appareils connectés (en nous détachant des injonctions publicitaires et marketing des marques, mais aussi en luttant collectivement contre l'obsolescence programmée), nous contribuerons à une baisse globale de la demande, et alors l'offre s'autorégulera. Voilà pour le « moins ».

Pour mieux produire, nous pourrions, par exemple, fabriquer des appareils à partir des composants existants dans les appareils usagés ou bien les reconditionner (en les envoyant à des entreprises spécialisées, comme Back Market, qui nous les rachètent et les remettent en état de marche avant de les revendre, moins cher, comme neufs). Cette technique nécessite l'utilisation de moins de matériaux à fort impact environnemental et, économiquement, les consommateurs y gagnent. Il y a aussi les marques, comme Fairphone, qui développent leurs propres smartphones de manière responsable qui, à mon sens, doivent se généraliser, le tout menant à une industrie entièrement fondée sur « nos déchets ». Mais que faire des appareils, justement, auquel on ne peut offrir une seconde vie ?

Petit détour par le Japon, qui accueillera, à l'été 2021, les Jeux olympiques[1]. À cette occasion, en 2016, le comité olympique nippon s'était engagé à fabriquer les 5 000 médailles olympiques à partir de métaux issus des déchets électroniques des ménages japonais. Un effort national qui a fait la fierté des comités d'organisation des JO, mais aussi celle des citoyens japonais, conscients de contribuer au rayonnement de leur pays et devenir, d'une certaine manière, des athlètes du recyclage. Pour les JO de Londres, en 2012, il avait fallu 9,6 kg d'or, 1,21 tonne d'argent et 700 kg de cuivre pour fabriquer les médailles. Selon ReNet[2] il était possible de récupérer dans les foyers japonais 143 kg d'or, 1,5 tonne d'argent et 1,1 tonne de cuivre, uniquement à partir des déchets numériques[3]. Rappelez-vous, on trouve dans un smartphone 30 mg d'or et 300 mg d'argent. Ces prévisions semblent avoir été un peu optimistes. Néanmoins, selon le comité des Jeux olympiques japonais, en 2018 avaient déjà été récoltés 28,4 kg d'or, 3,5 tonnes d'argent et 2,7 tonnes de bronze (le bronze étant un alliage de cuivre et d'étain,

1. Reportés d'un an en raison de la pandémie de Covid-19.

2. ReNet Japan Group est l'une des entreprises partenaires des JO de Tokyo dans le cadre du recyclage des déchets électroniques.

3. Ken Sakakibara, « Tokyo Olympic medals to be made from e-waste », *Nikkei Asian Review*, août 2016.

deux matériaux faisant partie de la composition d'un smartphone). Presque le double des quantités jugées nécessaires.

L'opération, qui a débuté en avril 2017, a duré deux ans et a requis l'intervention de trois acteurs majeurs : d'abord NTT DoCoMo, le premier opérateur mobile du Japon (en transformant ses boutiques en points de collecte), la poste japonaise (tous les employés ont été sollicités pour participer à la collecte de leurs produits usagés) et les municipalités (des points de collecte et des opérations incitatives furent mis en place dans bon nombre de villes). Au départ, seules quelques centaines de mairies se sont portées volontaires, mais dès octobre 2018, 90 % des autorités territoriales du pays étaient engagées dans cette initiative. Au total, les citoyens ont déposé, dans les points de collecte des municipalités, 47 488 tonnes de déchets électroniques dans tout le pays. NTT DoCoMo, l'opérateur téléphonique national, a collecté, dans ses points de vente, 5 millions de téléphones usagés tandis que la poste en a récupéré 30 000 grâce aux actions de ses salariés. En bon exemple d'économie circulaire, le Japon a montré, avec cette initiative vertueuse, que nous sommes riches de nos poubelles. Il suffit juste d'un peu d'imagination, et d'une mobilisation collective.

Egomagina

Pourquoi avons-nous autant de difficultés à considérer le réemploi des ressources, l'optimisation et l'économie énergétique comme des méthodes nobles d'enrichissement ? La première raison est que nous sommes prédisposés, au moins depuis la révolution industrielle, à croire que l'écologie et l'économie sont antinomiques.

Ce qui est faux. Il suffit, d'abord, d'un point de vue strictement étymologique, de constater la similitude entre les deux mots. « Écologie » signifiant « l'étude de l'habitat », terme issu du grec ancien *oïkologos*, et « économie » signifiant « la gestion de l'habitat », issu de *oïkonomia*. Les physiocrates français du XVIIe siècle, comme l'économiste François Quesnay[1] ou le marquis de Mirabeau, sont considérés comme les fondateurs de la science économique. La physiocratie s'oppose alors au mercantilisme, en affirmant que l'État n'a pas à intervenir dans la sphère économique car celle-ci est régie par des lois naturelles similaires aux lois physiques. Puis, le temps passant, on a opposé l'économie et la nature, quand l'industrie et les machines se sont développées, en estimant qu'on pouvait faire plus et mieux que la nature.

La seconde raison majeure est que nous souffrons de ce que j'aime à appeler l'*egomagina*, caractérisée par un excès d'ego combiné à un manque d'imagination. L'*egomagina* est un fléau que j'observe chez de nombreux dirigeants, de nombreux entrepreneurs et, hélas, chez certains étudiants aussi. Cela consiste tout d'abord à penser selon un schéma prédéfini et pas un autre ; souvent celui qui nous est enseigné dans le cadre familial ou scolaire, ayant pour effet de nous faire cruellement manquer d'imagination.

Selon l'économiste et psychanalyste Cornelius Castoriadis, l'imagination est une pulsion humaine, celle-ci ayant été aseptisée à mesure du temps, rendue conforme à la vie en société. Il appelle ce phénomène « l'imaginaire

1. François Quesnay est un médecin et économiste français, et l'un des fondateurs de la première école en économie, l'école des physiocrates. Il est l'auteur du *Tableau économique* (1758), qui est la première représentation schématique de l'économie.

social institué ». Pour Castoriadis, l'épuisement de la fonction imaginative trouve ses origines dans la séparation de la philosophie et de la science (proposée par Kant)[1], raison pour laquelle nous basons la plupart de nos réflexions sur la scientificité, excluant toute forme de non-rationnel, jugé excentrique. Or c'est peut-être cette part d'humanité refoulée qui provoque en nous un fort désir de robotisation. Qui sait ?

Enfin, l'*egomagina* repose sur l'excès d'ego, qui nous est propre. Nous cherchons à dominer la nature. Il n'y a qu'à voir comment nous méprisons l'environnement, les animaux, et comment nous fantasmons sur les possibilités du transhumanisme. L'ego, qui désigne la représentation de soi, ne peut donc pas être en phase avec nos velléités écologiques, ces dernières impliquant un trop grand sens de l'humilité. L'ego surdimensionné de l'espèce *Homo sapiens* nous pousse à mettre les écosystèmes à notre service. Pourtant, nous sommes un écosystème à part entière.

L'argent n'a pas d'odeur

« Son fils Titus lui reprochait d'avoir institué un impôt sur les urines. Il lui mit sous le nez le premier argent qu'il perçut de cet impôt, et lui demanda s'il sentait mauvais. Titus lui ayant répondu que non : "C'est pourtant de l'urine", répondit Vespasien[2]. » Vespasien était un empereur romain aux origines plébéiennes, assez pragmatique, régnant de 69 à 79, juste après Néron. Quand il arrive sur le trône, la cité est ravagée par le typhus et la malaria. Vespasien décide

1. Relire Kant, *Critique de la raison pure*, 1781.
2. Extrait de *Vie de Vespasien* de Suétone, XXIII.

de monétiser les toilettes publiques – qu'on nommera ensuite les fameuses « vespasiennes ». Comment s'y prend-il ? L'empereur comprend que l'urine peut être une ressource : celle-ci est utilisée par les teinturiers comme blanchisseur ou encore par les tanneurs comme excellent assouplisseur du cuir. De cette manière, Vespasien parvient à financer d'autres installations et même à générer du profit. Un jour, raconte l'histoire, son fils vient à lui et lui dit quelque chose comme : « Tu sais, père, c'est embarrassant d'officier dans le commerce d'urine. On se moque de nous, dehors. Nous sommes des empereurs, tout de même ! » Son père, excédé par les remarques négatives, fait venir une caisse remplie d'argent provenant des recettes du commerce d'urine. Il somme son fils de s'en approcher et de sentir l'argent. Ce dernier s'exécute. Il lui demande ce qu'il sent, et son fils répond qu'il ne sent rien. Là-dessus, Vespasien répond : « *Pecunia non olet* » (« l'argent n'a pas d'odeur »). Ce que nous enseigne cet épisode, c'est d'abord que l'économie circulaire n'a jamais été une hérésie. L'économie du réemploi existe depuis au moins 2 000 ans dans nos sociétés humaines. Ensuite, c'est que l'ego qui nous anime nous empêche non seulement de voir les solutions les plus évidentes, mais en plus de faire preuve d'imagination.

Nous sommes riches de nos poubelles comme les Romains étaient riches de l'urine, et il n'y a pas à en rougir. À l'heure où les entreprises pivotent, adaptent leurs modèles économiques aux impératifs écologiques et refondent leurs organisations, elles doivent nécessairement basculer de « création de valeur par les flux » à « création de valeur par les stocks », à l'instar des Jeux olympiques au Japon ou de la politique de Vespasien. C'est un combat que les entreprises doivent accepter de mener, mais c'est aussi à nous, citoyens, encouragés par les politiques publiques, de nous mobiliser en changeant notre comportement en tant que consommateurs.

5. S'inspirer des anciens

L'approche biomimétique

Une fois l'ego renfrogné et l'imagination exaltée, il nous est alors possible d'explorer ce que le passé peut encore offrir d'intelligent au futur. Nous avons souvent manqué de nous inspirer de la nature et de son fonctionnement. Pourtant, elle est une ingénieure d'expérience : 3,4 milliards d'années de R&D[1] éprouvées. Nous ne serions pas peu malins d'appliquer quelques lois fondamentales de la nature à notre façon de concevoir et d'utiliser les outils et les technologies numériques, en d'autres termes, d'adopter une approche biomimétique.

Le biomimétisme (ou bio-inspiration), désigne le processus d'innovation directement inspiré des écosystèmes naturels – ou comment réaliser des immeubles, des avions, des appareils électroniques sur les bases de conception que l'on trouve dans la nature. Cette approche a été théorisée il y a plus de vingt ans, en 1998, par une femme, Janine M. Benyus[2]. Mais elle reste peu étudiée, abordée seulement dans quelques domaines spécifiques, comme le génie civil ou l'aéronautique. De fait, la bio-inspiration n'est encore

1. « Recherche et développement ».

2. Janine M. Benyus, *Biomimétisme. Quand la nature inspire des innovations durables*, Éditions Rue de l'échiquier, coll. « L'écopoche », 2007. (Merci, Sidney, de m'avoir offert cet ouvrage !)

que très peu répandue. La nature est capable, depuis plusieurs milliards d'années, de produire en cycles sans consommer d'énergies fossiles ni produire de déchets. Elle recèle des compétences aussi complexes que durables, que l'humain n'a pas toujours su comprendre ou reproduire, essentiellement par manque d'intérêt.

Sur la base de ce que nous savons, le milieu marin détient la biodiversité la plus pauvre ; néanmoins, ses espèces présentent des fonctions bien plus spécialisées que celles du monde terrestre, ce qui le rend – du point de vue biomimétique – particulièrement intéressant. Il reste encore beaucoup à faire pour rapprocher nos techniques de la R&D naturellement présente autour de nous, dissimulée dans le corail et sa solidité, la résistance des fils de soie des araignées ou encore les propriétés adhésives des filaments de la moule. En outre, il est fascinant d'observer comment certains professionnels ont su tirer profit de cette discipline, en partant de la termitière pour optimiser la thermorégulation des bâtiments[1], des moustiques pour fabriquer des piqûres médicales indolores ou encore, à partir du bec long et tranchant du martin-pêcheur pour optimiser l'aérodynamisme, la vitesse et la consommation d'énergie du Shinkansen, le TGV japonais[2]. À vrai dire, la tour Eiffel est elle-même une structure bio-inspirée : ses quatre pieds porteurs sont inspirés du fémur humain. La Mercedes-Benz Bionic de DaimlerChrysler est directement inspirée du poisson-coffre jaune qui, grâce à la forme de son

1. La climatisation naturelle des termitières a inspiré l'architecte Mick Pearce, concepteur de l'immeuble Eastgate à Harare, au Zimbabwe, qui utilise le même processus de circulation ascendante naturelle de l'air.

2. « Le martin-pêcheur TGV », *Le Monde*, 10 février 2012.

corps et la rigidité de son exosquelette, réduit son coefficient de traînée[1].

La nature possède même ses propres lois universelles, comme celle de la « marge énergétique » : dans la nature, aucun être vivant, animal ou végétal, ne consomme plus qu'il ne peut produire. L'hiver, les végétaux produisent moins de tissu organique (feuilles, tige, etc.) parce qu'il y a moins de lumière ; dans ses conditions, la photosynthèse n'est pas « rentable »[2]. De même que les fleurs solliciteraient plus d'énergie qu'elles n'obtiendraient de bourgeons si elles se décidaient à se mettre à fleurir en plein mois de décembre. Regardons du côté de la faune, qui se comporte exactement de la même manière. L'ours a, lui aussi, un système de marge énergétique absolument fascinant, quand on sait qu'il hiberne pour pallier le manque de nourriture disponible en réduisant ses dépenses énergétiques. Il réduit son rythme cardiaque, sa température corporelle et son rythme respiratoire. Ne buvant pas pendant toute la période, l'eau de ses urines n'est pas expulsée mais recyclée au sein même du corps pour éviter la déshydratation. Tous les organismes naturels valident cette loi fondamentale de la marge énergétique, même les êtres humains. Si je cesse de me nourrir, je peux rester en vie jusqu'à une

---

1. Un objet mobile, se déplaçant dans un fluide pesant, subit, de la part de ce fluide, une distribution de pression et un frottement dont la résultante s'oppose à sa marche. La composante de cette résultante, selon la direction du mobile, est appelée « traînée ». L'intensité de la force de traînée est exprimée en fonction de la vitesse, de la forme, de la taille du mobile et du fluide dans lequel il interagit (Wikipédia).

2. La photosynthèse désigne la synthèse de matière organique grâce à l'eau puisée dans le sol par les racines et le dioxyde de carbone capté dans l'air par les feuilles. Cette réaction produit de l'oxygène, rejeté dans l'atmosphère. L'énergie nécessaire est fournie par la lumière du soleil. Sans lumière, il n'y a pas de photosynthèse.

trentaine de jours[1]. Nos technologies, elles, ne vérifient pas cette propriété. Prenons l'ordinateur portable ou le smartphone. Chargez-le le matin, il ne passera jamais la journée.

Jeddi

Mon grand-père n'était pas un homme lettré, mais il aimait s'instruire sur des sujets très différents. Parfois, je le regardais se débattre avec ses pensées, comme s'il cherchait à crever le plafond de ses connaissances, à percer à jour un savoir plus grand que le sien et plus grand que l'évident. Petite, il m'arrivait de prendre un livre et de m'installer pour le lire, dans le salon de sa maison, à Roubaix. Alors mon grand-père s'asseyait à côté de moi dans le grand fauteuil et, tout en fronçant les sourcils, faisait mine de lire par-dessus mon épaule. Or, il était analphabète. Parfois, il reconnaissait un mot, me le montrait du doigt, avant de tenter de le prononcer. Je me rappelle encore parfaitement son sourire d'enfant, édenté, en raison du manque de soins et des épreuves de la vie. Pour le commun des mortels, il était un homme qui ne savait pas grand-chose, et pourtant il était doté d'une grande finesse. S'il comprenait le français, il le maîtrisait peu et, de fait, lorsqu'il souhaitait converser avec moi, dans la noblesse de son effort, il me vouvoyait. Il avait compris que c'était une formule de politesse, et personne ne lui avait dit qu'elle ne s'appliquait généralement pas à la famille. Un jour, alors que je jouais à la sauveuse de l'humanité avec mes cousins, j'expliquai, avec un air

1. À condition de continuer de boire (prière de ne pas expérimenter cela chez soi).

très sérieux, qu'il faudrait créer tel ou tel outil pour régler tel ou tel problème que nous rencontrions dans notre monde imaginaire. Ce jour-là, mon grand-père m'interrompit. J'avais alors compris que j'avais fait ou dit quelque chose de mal. Il m'expliqua dans un français aride : « Pour sauver le monde, il n'y a rien à inventer. Tout ce dont on a besoin existe déjà. Il faut simplement avoir des yeux pour le voir et du cœur pour en donner à tout le monde. »

Des années plus tard, je me suis remémoré cette phrase et l'ai notée dans un carnet. Un jour que je participais à une conférence d'économie, l'intervenant qui se tenait à mes côtés évoquait un récent rapport mettant en lumière le consensus auquel en étaient arrivés des chercheurs internationaux : nous avions, sur la planète, toutes les ressources naturelles, financières et technologiques pour endiguer l'ensemble des fléaux actuels (famine, pauvreté, accès à l'eau, à l'éducation ou encore à la dignité). Le rapport soulignait aussi qu'il ne s'agissait pas d'inventer de nouveaux systèmes, mais de réadapter l'existant et de mieux le répartir. À cet instant, j'ai pensé que si mon grand-père était allé à l'université à son arrivée en France, plutôt qu'à la mine, il aurait pu se tenir à la place de ce conférencier charismatique qui nous apprenait à comprendre le monde. Mieux encore : il aurait pu l'inspirer. Jeddi[1] nous a quittés en décembre 2018, un vendredi, sur son fauteuil, celui où nous lisions. Il est parti comme on s'endort. Il était de ces humains dont la sagesse manque cruellement au monde.

Tout se recycle, même les paroles ébréchées d'un vieil homme analphabète.

1. *Jeddi* signifie « grand-père » en arabe maghrébin.

Partie 2

La pollution numérique intellectuelle

J'ai rapidement réalisé qu'il existait, au-delà de la pollution numérique environnementale, d'autres types de pollutions numériques, à théoriser, puis à endiguer, si l'on souhaite réellement inventer un numérique durable pour tous. Une grande partie du monde ignore superbement le côté obscur du numérique. D'autres pensent que tout ça n'est pas vraiment à prendre au sérieux, qu'il n'y a pas de danger. Grand bien leur fasse, les optimistes sont les humains que je préfère ! Mais on peut être optimiste tout en apprenant à détecter et se prémunir des dangers.

Sans intelligence, on ne peut agir en faveur de rien, et encore moins pour l'environnement. Pour définir les différentes pollutions numériques, je pars de l'état de fait que la pollution désigne la présence (ou l'introduction) dans un environnement donné de substances dont les effets sont délétères. La pollution numérique intellectuelle est un concept dynamique, qui évolue à mesure des contextes économiques et sociaux : mal utilisées, les technologies numériques entachent nos capacités intellectuelles de multiples façons. À travers mes conférences et mes rencontres, j'ai eu affaire à trois réalités suffisamment répandues pour que je choisisse de les traiter : l'illectronisme, les addictions numériques et les troubles cognitifs liés à l'hyperconnexion.

À l'ère du « tout-numérique » émerge un nouveau mal, « l'illectronisme », responsable de nouvelles inégalités. Que l'on soit réfractaire aux nouvelles technologies ou que l'on ait seulement raté le coche, il est de plus en plus difficile d'évoluer dans notre société sans savoir un minimum se servir d'un ordinateur, d'Internet ou d'un smartphone. Désincarné[1], le numérique n'épargne les capacités cognitives ni des enfants ni des salariés des entreprises en marche accélérée vers leur transition technologique. La façon dont les écrans troublent le sommeil, nécessaire à la régénération du corps humain et de notre système cognitif, n'est pas à prendre à la légère. Un mauvais usage des nouvelles technologies peut aussi conduire à des dépendances, des addictions faisant de nous les « *devices* de nos *devices* », c'est-à-dire les esclaves de nos propres appareils. Le simple fait de nous vendre un esclave qui soit toujours d'accord avec nous, tel que Siri ou Alexa, nous dit le psychiatre Serge Tisseron, est aussi un bon moyen de nous faire oublier que ce pourrait être nous, le véritable esclave[2]. Ces perturbations touchent le plus grand nombre d'entre nous, souvent sans que nous nous en apercevions, un peu comme des papillons qui, friands de lumière, s'avancent sans réfléchir vers une ampoule et se brûlent les ailes.

1. Je définis le « numérique désincarné » comme le numérique qui n'a d'autre but que lui-même.

2. Serge Tisseron, *L'Emprise insidieuse des machines parlantes*, Les Liens qui Libèrent, 2020.

Ici, il ne s'agit pas de se débarrasser de la montre, mais d'apprendre à la mettre à l'heure. Et, fort heureusement, le cerveau dispose d'innombrables ressources. Mieux encore, comme tout être vivant, il fonctionne de manière durable, s'économise et se muscle. L'enjeu de la pollution numérique intellectuelle n'est pas des moindres.

Chapitre 1

L'illectronisme, l'illettrisme électronique

La majorité des démarches ou procédures administratives s'effectuent en ligne, la plupart des métiers exigent des connaissances de base en informatique, les compagnies de transport et de voyage se dématérialisent... Dans ce monde complètement numérique qui se profile, ne pas savoir se servir d'un ordinateur ou d'Internet, parce que l'on n'a pas les moyens d'apprendre ou seulement pas la volonté, peut pénaliser intellectuellement, professionnellement et financièrement. Émerge donc une nouvelle forme d'inégalité : l'illectronisme. L'illectronisme, c'est ce néologisme désignant l'illettrisme numérique ; le manque ou l'absence totale de connaissances de base nécessaires à l'utilisation d'Internet et, plus spécifiquement, des services électroniques. Ce mot est utilisé pour la première fois par Lionel Jospin en 1999, alors que la France compte 5,5 millions de personnes connectées et que les premières villes, se mobilisant pour l'accès à la connexion internet, reçoivent le label « villes Internet[1] ». Depuis lors, ces inégalités n'ont fait que se creuser.

1. « Livre blanc sur l'illectronisme », CSA, 2019.

1. Les laissés-pour-compte du numérique

« Moi, Internet, je n'y connais rien. » Je ne compte plus le nombre de fois où j'ai entendu cette phrase. Si 2,5 millions de Françaises et de Français sont illettrés – c'est-à-dire qu'ils ne maîtrisent ni la lecture ni l'écriture –, de plus en plus sont victimes d'illectronisme, en raison de la rapide mutation technologique de notre société, et il en va de même dans la plupart des sociétés occidentales. En 2018, on parle de 17 % des Français. Et le phénomène touche tout le monde : les femmes comme les hommes, les jeunes et les moins jeunes, actifs ou non. Néanmoins, les personnes âgées de plus de 70 ans sont les plus concernées, représentant un tiers des cas d'illectronisme[1]. Mais attention aux idées reçues : un jeune de moins de 35 ans sur cinq en France déclare se sentir mal à l'aise avec Internet[2].

Bien que 89 % des Français possèdent au moins un équipement informatique[3], cela ne signifie pas qu'ils en maîtrisent les usages les plus simples. Ils peuvent rencontrer des difficultés dans des tâches considérées comme « simples » : envoyer un e-mail, ouvrir une pièce jointe, prendre un rendez-vous médical ou encore télécharger une application. Effectuer une simple recherche d'emploi peut devenir une épreuve technique

---

1. Enquête sur l'« illectronisme » en France, CSA Research pour Syndicat de la presse sociale, 2018.

2. « 13 millions de Français [de plus de 18 ans] en difficulté avec le numérique », Mission société numérique (pilotée par le gouvernement de M. Édouard Philippe), citée dans Julien Brygo, « Peut-on encore vivre sans Internet ? », *Le Monde diplomatique*, août 2019.

3. Ce qui signifie, par ailleurs, que 11 % ne sont pas équipés, soit 5 millions de Françaises et Français.

– un fait d'autant plus préoccupant que la quasi-totalité des offres d'emploi se trouvent aujourd'hui sur Internet. Depuis novembre 2017, les démarches relatives à l'inscription à Pôle Emploi, à la Caisse d'allocations familiales, à la Caisse primaire d'assurance maladie et à la caisse de retraite, ou encore l'ouverture d'un contrat chez EDF et l'immatriculation des véhicules, doivent être impérativement réalisées, tout ou partie, sur Internet. Pense-t-on à ces 44 % de Français qui déclarent ne pas savoir remplir leur feuille d'imposition en ligne, quand, en juin 2019, Bercy indique que « la déclaration d'impôts doit se faire obligatoirement en ligne lorsqu'on possède un accès internet dans sa résidence principale » ? Pour beaucoup de Françaises et de Français, la simple création d'un espace personnel en ligne sur l'un de ces sites internet relève du défi. En parallèle, les centres administratifs ferment les uns après les autres[1]. Ainsi, des milliers de Françaises et de Français sont laissés pour compte, dans l'angle mort de la dématérialisation des services.

Encore une fois, les populations les plus vulnérables financièrement sont les plus touchées, comme les personnes handicapées ou encore les allocataires de minima sociaux. Dans le cadre de mes recherches, je m'intéresse au Nord de la France, où je multiplie les allers et retours à la rencontre d'associations. Les chiffres ont de quoi inquiéter : le Nord compte 598 000 déconnectés, c'est-à-dire 23 % de ses 2,6 millions d'habitants.

Alors, comment expliquer l'illectronisme ? Par l'absence de maîtrise ou par la mauvaise maîtrise des outils numériques, mais aussi par des problèmes structurels,

1. Les centres CPAM dans l'Isère, pour ne citer que ce département, disparaissent les uns après les autres.

tels que l'absence d'équipement ou encore l'absence de couverture d'une région par le réseau ADSL ou 4G (541 communes de France sont situées en « zone blanche », c'est-à-dire sans couverture réseau). Dans les années 2000, peu de foyers étaient équipés d'une connexion, alors les cybercafés, les points internet dans les mairies et les lycées prenaient le relais. L'avantage de ces espaces, c'était le soutien collaboratif que l'on y trouvait : quand ce n'était pas la personne en charge du cybercafé, c'était celle à côté de nous qui venait nous apporter son aide si nous n'arrivions pas à utiliser l'ordinateur. Dix ans plus tard, le taux d'équipement a considérablement augmenté, ce qui a eu pour conséquence de voir s'effondrer le modèle de l'espace internet commun. Internet est devenu de plus en plus individuel. Beaucoup n'osent pas faire part de leur détresse : cette honte est silencieuse. Durant les entretiens menés par Digital For The Planet avec des personnes se considérant « illectronées », la plupart d'entre eux ont indiqué être embarrassés à l'idée de demander de l'aide. C'est ainsi que beaucoup ont renoncé, dans l'indifférence générale, et ont loupé le coche du passage au tout-numérique. Le gouvernement a mis du temps à identifier ce nouveau fléau : les premiers à avoir sonné l'alerte furent les assistants sociaux, régulièrement en contact avec ces personnes en détresse numérique.

« Vous avez un compte Ameli ? Il sert de passe-partout pour les sites des services publics. — Ameli, vous dites[1] ? » En France, on compte plus de 4 millions

1. Julien Brygo, « Peut-on encore vivre sans Internet ? », *Le Monde diplomatique*, août 2019.

d'allocataires aux minima sociaux[1]. Parmi eux, 1,9 million de foyers sont tributaires du revenu de solidarité active (RSA)[2] – une prestation dont la demande se fait, elle aussi, en ligne : les centres administratifs, à travers le pays, comptent de moins en moins d'agents et de plus en plus de bornes automatiques, des bornes dont beaucoup ne savent, d'ailleurs, pas se servir. Cette nouvelle procédure, 100 % informatisée, décourage 19 % de ceux pour qui ces quelques centaines d'euros sont vitales[3]. Que fait-on si l'on est dépourvu d'équipement informatique chez soi, dans la mesure où la plupart des administrations publiques n'envoient plus, à l'instar de la CNAV (Caisse nationale d'assurance vieillesse), de courrier papier ? Sans adresse e-mail, on ne peut plus communiquer avec l'administration. En 2018, 5 milliards d'euros n'ont ainsi pas été distribués aux allocataires bénéficiant du RSA. Les non-recours au droit concernant les prestations familiales et de logement – réalisées exclusivement en ligne – représentent presque autant[4].

Je me suis intéressée à une autre procédure, elle aussi dématérialisée : celle des demandeurs d'asile. Ces femmes et ces hommes n'ont pas forcément de téléphone portable avec un accès internet – c'est même très rare. Sans parler d'un ordinateur. Or, l'obtention d'une carte de

1. Fin 2018, 4,25 millions de personnes sont allocataires d'un minimum social. En incluant les conjoints et les enfants à charge, 6,9 millions de personnes sont couvertes par les minima sociaux, soit une personne sur dix en France métropolitaine et une sur trois dans les DROM (hors Mayotte). « Minima sociaux et prestations sociales, édition 2020 », Ministère des Solidarités et de la Santé.

2. Inegalites.fr, rapport du 15 octobre 2019.

3. Enquête sur « l'illectronisme en France », CSA Research, mars 2018.

4. Amandine Cailhol et Lilian Alemagna, « Non-recours : des milliards non distribués », *Libération*, 22 juin 2018.

séjour se fait uniquement en ligne. La procédure : indiquer sur un formulaire tous les renseignements demandés, en quelques minutes, après quoi la session expire ; une fois l'exploit réalisé, il s'agit d'attendre entre deux et six mois que le dossier soit traité, et la convocation à un rendez-vous envoyée… par e-mail. Là encore, si le rendez-vous proposé n'est pas confirmé en ligne dans les quinze minutes, la procédure tout entière est annulée. Une procédure bien huilée, à destination de personnes qui n'ont pas les moyens de la réaliser.

À l'ombre de la « start-up nation » et des transformations digitales à vive allure, le numérique mute en un outil discriminatoire. Personne ne devrait se retrouver dans l'incapacité d'exercer ses droits fondamentaux à cause de ce qu'il ne sait ou ne peut pas faire.

2. Pourquoi est-ce essentiel de lutter contre l'illectronisme ?

Délaisser une partie de la population ne semble pourtant pas présenter d'intérêt économique. Bien au contraire, selon un rapport, lutter contre l'illectronisme permettrait un bénéfice de 1,6 milliard d'euros, en moyenne, chaque année[1]. De plus, si les téléprocédures étaient mieux pensées et plus adaptées à ceux qui les utilisent, l'administration publique économiserait près de 64 euros par usager, soit 450 millions d'euros par an[2]. Ajoutons aussi le gain de temps des citoyens dans l'exécution de tâches du quotidien – prise de rendez-vous

1. « Les bénéfices d'une meilleure autonomie numérique », étude France Stratégie, 2018.

2. À raison d'une moyenne de six formalités administratives par an et par usager.

médicaux, courses en ligne : ces exclus du numérique pourraient alors gagner 16 heures par an. L'économie collaborative (Leboncoin, Drivy[1], ou autres services entre particuliers) permettrait un gain de 1,2 milliard d'euros de pouvoir d'achat si elle était maîtrisée par la population « illectronée ». À lui seul, l'e-commerce ferait croître de 180 millions d'euros par an le pouvoir d'achat des Français (soit 42 euros par personne), notamment grâce à l'accès à des prix plus intéressants, lors de promotions en exclusivité sur Internet.

L'illectronisme, impliquant l'exclusion numérique, a évidemment des effets sur la santé, le moral et l'accès au bien-être. Ces mutations intellectuelles devraient, en réalité, se préparer, car elles induisent des conséquences délétères. En ce sens, la lutte contre l'illectronisme réduirait ses effets sur la santé des illectronés. Il est estimé, dans le domaine de la santé, une économie annuelle globale de 35 millions d'euros pour les citoyens et de 70 millions d'euros du côté des services publics de santé.

Ne perdons pas de vue que ces illectronés sont désireux d'apprendre. Les retraités en premier lieu, ne serait-ce que pour parler à leurs petits-enfants sur les plateformes de visioconférence, comme Zoom ou FaceTime. Ils s'intéressent à l'outil, qu'ils trouvent distrayant, et souhaitent, de plus en plus, consacrer une partie de leur temps libre à naviguer et découvrir de nouvelles choses. Les retraités sont demandeurs de formation, mais, dans la réalité, le déploiement d'outils reste lent et fastidieux, malgré les annonces d'accompagnement des gouvernements successifs[2].

---

1. Drivy s'appelle désormais Getaround.

2. Sylvain Rolland, « Illectronisme : l'État prévoit jusqu'à 100 millions d'euros pour former 13 millions de Français », *La Tribune*, 12 septembre 2018.

Mais il existe aussi des « réfractaires » : celles et ceux qui pensent que le numérique complique les choses et ne leur apporte rien. Dans une dynamique globale de digitalisation, comment raccrocher les wagons avec celles et ceux qui refusent, de façon presque militante, de vivre connectés, et pour lesquels Internet représente uniquement une aliénation ? Si une partie de la population ne porte pas d'intérêt au numérique, c'est qu'en premier lieu, le numérique n'a pas témoigné d'intérêt pour elle. Des chercheurs de l'université de Parme ont découvert l'activité de certains neurones moteurs, parmi les quelque cent milliards que nous possédons, appelés les « neurones miroirs », qui nous permettent, entre autres, de calquer notre comportement sur celui d'une personne avec laquelle on interagit. Et il arrive que, si je ne m'intéresse pas à vous, il y ait peu de chances que vous vous intéressiez à moi. C'est un peu ce qu'il se passe pour les personnes délaissées par le numérique, ce dernier semblant surtout offrir beaucoup aux populations urbanisées, éduquées et actives. À partir de quand désigne-t-on le numérique comme élitiste, celui qui, imposant ses usages et ses dogmes, est conçu et déployé sans tenir compte des besoins d'un pan immense de l'humanité ?

Les démarches administratives sont à réaliser sur Internet. Va pour la démarche en ligne, alors. Ainsi, des centaines de milliers de personnes, qui ne disposent pas d'ordinateurs chez elles, se déplacent dans des centres administratifs, où on leur explique qu'il n'y a pas d'ordinateurs mis à disposition du public. Ces personnes, et j'en ai rencontrées, se sentent tout simplement piégées. Elles ne veulent pas acheter un équipement qu'il faudra remplacer dans deux ans (car devenu obsolète), puis s'abonner à un fournisseur d'accès et donner, quotidiennement, via leur navigation, leurs données personnelles pour, simplement, accéder à leurs droits. « J'ai l'impression d'être abruti. Ce sentiment, il ne me lâche plus », me dit M. Hernat, 64 ans, boulanger à la retraite.

Si ces personnes ne suivent pas les règles édictées, elles seront alors laissées pour compte. Comment fait-on quand on ne veut pas d'ordinateur ni de smartphone pour exister ? C'est là que l'on touche du doigt une France sans contact.

Chapitre 2

L'intelligence humaine à l'épreuve du quotidien

1. Les enfants : la chair à canon numérique

« *Les écrans, c'est bon pour les bébés* »

En tant que mère, la question de la place du numérique dans la vie de mon enfant s'est rapidement imposée : est-ce vraiment dangereux d'exposer mon bébé aux écrans ? Quelle est la probabilité que les séquelles soient graves ? Comment ne pas complètement créer une rupture culturelle avec le monde dans lequel il vit, tout en le protégeant ? Toutes ces questions résonnent dans ma tête. Mais bien avant le début de ma grossesse, la question des enfants et du numérique accaparait mon esprit. Lors d'une séance de travail à Londres, Caroline, une physicienne irlandaise, qui me fait l'amitié de collaborer avec Digital For The Planet, m'apporte l'édition du *Guardian*, qu'elle avait lue pendant le trajet, pliée à la page d'une interview donnée par Tim Cook, l'actuel président d'Apple : « Je n'ai pas d'enfants, mais j'ai un neveu à qui j'impose des limites. Il y a des choses que je ne lui autorise pas. Entre autres, je ne veux pas qu'il aille sur un réseau social[1]. »

Un enfant de 7 ans passe, en moyenne, 104 minutes par jour à jouer avec un smartphone et, plus globalement, les enfants occidentaux passent, en moyenne, 3 heures par jour devant les écrans. En 2017, le temps moyen de connexion à Internet était de 6 h 10 par semaine chez les enfants âgés de 7 à 12 ans[2]. Quand on leur fait part de ces chiffres, près de la moitié des enfants interrogés estiment ne pas passer trop de temps sur leur smartphone. Au contraire, ces chiffres représentent selon eux un temps de connexion raisonnable et nécessaire. En 2013 et en 2014, la tablette tactile à destination des enfants est le « jouet » le plus vendu en France[3].

Jouer sur une tablette serait bon pour les bébés. Nombre de médecins avancent cette thèse dans les médias, dès les années 2010 ; un avis que partage un rapport scientifique publié en 2013[4]. Mais deux ans plus tard, un collectif de soixante spécialistes de l'enfance démonte l'état de fait[5]. Selon eux, les enfants qui utilisent des outils connectés depuis leur plus jeune âge sont sujets à une augmentation des troubles de l'attention et du langage ; des observations particulièrement marquées chez les enfants âgés de 18 à 30 mois. Alors,

1. Samuel Gibbs, « Apple's Tim Cook: "I don't want my nephew on a social network" », *The Guardian*, janvier 2018.

2. « Junior Connect' 2017 : les jeunes ont toujours une vie derrière les écrans ! », Ipsos, 2017.

3. Véronique Yvernault, « Les 10 jouets qui ont cartonné en 2014 », LSA, décembre 2014.

4. « L'enfant et les écrans, un avis de l'Académie des sciences », rapport, 2013.

5. « Pédiatres, psys ou enseignants, ils appellent à "éloigner les tablettes des enfants" », *Le Monde*, septembre 2015.

en âge de parler, il arrive que les enfants surconnectés accusent un retard de langage : ils répondent aux questions par des phrases plus brèves que la moyenne ou s'expriment avec une prosodie particulière, quand ils ne sont pas tout bonnement mutiques, se contentant de hocher la tête pour interagir. Cela entrave la capacité à acquérir le vocabulaire nécessaire ; or ce dernier reste un des meilleurs indicateurs du niveau d'aptitudes intellectuelles d'un individu[1].

Écrans ou pas écrans ? La communauté scientifique ne parvient pas à trouver de consensus, ne laissant d'autre choix à l'opinion publique que de définir, elle-même, sa propre vérité. Y compris moi. Le problème, c'est qu'il m'est impossible d'accompagner les familles lors de nos ateliers, conférences et formations sans apporter des réponses claires et vérifiées. Alors, j'ai lu plusieurs dizaines d'ouvrages, de rapports et de thèses doctorales. J'ai rencontré chercheurs, psychiatres et médecins, procédé à des interviews avec nombre d'entre eux. J'ai aussi passé du temps avec les familles, des quartiers populaires aux territoires ruraux, sans oublier les familles aisées des grandes villes. Tout cela dans le but de construire un avis le plus objectif possible.

D'abord, il se trouve que les enfants, dès leur naissance, sont naturellement attirés par les écrans. Et cela durera toute leur vie. L'œil humain est instinctivement attiré par la lumière et le mouvement, deux éléments propres aux écrans. Et, de fait, les tablettes tactiles sont conçues de telle manière qu'elles correspondent parfaitement à la forme d'intelligence sensorimotrice

---

1. Robert J. Steinberg, « Components of human intelligence », université de Yale, département de psychologie, octobre 1979.

de l'enfant. Est-ce l'opération du Mal pour autant ? À la Renaissance, quand l'imprimerie est née, on était persuadé que les livres pervertiraient la jeunesse. Mais cela signifie-t-il pour autant que les écrans nous font autant de bien que les livres ? Les écrans sont-ils les nouveaux livres ? Non, les livres offrent une expérience réelle, composée de touchers pluriels et de sons. Les écrans sont, eux aussi, des outils vecteurs de savoirs et de connaissances, mais ils érodent la qualité de la vue, ne serait-ce que par la présence de la fameuse « lumière bleue ». Ils proposent aussi des plateformes conçues de manière à favoriser la distraction et à appauvrir la concentration.

D'un côté, il semble compliqué de couper les enfants d'une réalité sociale où les écrans sont omniprésents. Non seulement ce serait peine perdue, mais en plus cela n'aurait, à vrai dire, aucun sens. Et ce essentiellement pour trois raisons : d'abord, personne n'aime l'interdiction. Ensuite, c'est proprement impossible : les écrans sont omniprésents. Enfin, ils peuvent aussi être des outils d'apprentissage, d'aide et de divertissement intéressants. Au cours de mon expérience, je me suis aperçue que les logiciels d'aide à la lecture ou au calcul pouvaient se montrer précieux, notamment auprès d'enfants présentant des troubles d'apprentissage comme la dyscalculie ou la dyslexie. Dyscalculie dont j'ai moi-même souffert plus jeune. Othmane, un jeune garçon dyslexique que j'ai rencontré, est parvenu jusqu'au concours d'entrée de Sciences Po grâce à ces logiciels. À l'adolescence, Internet peut contribuer à développer les capacités déductives du cerveau, mais aussi la capacité d'attention visuelle, et à se concentrer sur un objet. Les jeux en réseau, par exemple, peuvent aider les adolescents introvertis ou souffrant de phobie sociale à sortir de leur coquille. Mais surtout, apprendre à un enfant à travailler sur des écrans et à utiliser des logiciels intelligemment semble essentiel, ne serait-ce qu'en raison de la rapide mutation numérique d'un grand nombre de métiers.

D'un autre côté, l'écran peut se révéler être une porte tant vers la connaissance et le développement que vers la déficience cognitive et l'isolement. Il arrive que les enfants, trop exposés aux écrans, soient toujours plus attirés par ces derniers. On observe alors chez eux un manque d'intérêt pour les jeux traditionnels, mais aussi des difficultés à établir des relations avec les autres enfants ; des relations parfois même teintées d'agressivité. Les spécialistes observent que ces enfants, en grandissant, éprouvent également plus de difficultés à construire des rapports de cause à effet entre les événements. Appréhender le temps qui s'écoule est aussi une épreuve : dans un film d'animation, on peut passer du jour à la nuit en une dizaine de minutes, on peut se rendre à l'autre bout d'une ville en quelques secondes, illustre une spécialiste de l'enfance. Il reste donc essentiel pour les enfants de vivre le plus possible des « événements réels » leur permettant de construire leurs repères à la fois spatiaux et temporels. Il convient, au fond, de définir des règles ; des règles que chacun saura apprécier à sa manière. Une grande partie des scientifiques et des médecins, en France comme dans de nombreux pays du monde, conseillent d'éviter le contact avec les écrans avant l'âge de 3 ans. Leur introduction dans le quotidien de l'enfant peut se faire ensuite avec parcimonie, mais surtout de manière encadrée. Sur les écrans, la réalité est biaisée, m'explique une neuro-pédiatre. On peut être victime d'une explosion et n'avoir aucune égratignure quelques secondes plus tard, les fleurs peuvent ne jamais faner et les arbres rester verts. Comment comprendre, dans ces conditions, le rythme des saisons ?

On peut, par exemple, alterner le temps d'écran avec des expériences réelles, se confrontant ainsi aux lois de la physique, essentielles au développement cognitif. Les parents parlent d'une certaine passivité chez leurs enfants lorsqu'ils ont pris l'habitude de s'occuper quasi exclusivement sur les écrans, et les médecins en conviennent aussi. Sans appareil électronique dans les mains, ils semblent démunis. C'est assez logique quand on y pense : les contenus sur écran ne requièrent pas d'action particulière, les enfants, de fait, n'ont pas ou peu l'habitude de solliciter leur imagination pour trouver une occupation.

Quel enfant sera le plus éveillé entre celui qui passe l'après-midi à grimper aux arbres et celui qui jouera en ligne des heures durant ? En grimpant trop haut, le premier se mettrait sans doute autant en danger que le second qui navigue sur Internet sans surveillance ni durée fixée. En conclusion, l'exposition des enfants aux écrans doit nécessairement être accompagnée. Dans les ateliers, des parents nous demandent : « Mais comment pouvons-nous encadrer ? » On commence par l'encadrement du contenu autorisé, par exemple. Réduire au minimum les publicités promotionnelles à l'aide d'un logiciel pare-feu. Selon les chercheurs de l'Académie des sciences, il existe une corrélation directe entre l'exposition à la publicité et la tyrannie parfois exercée par les enfants sur leurs parents. Si Internet permet essentiellement de faire gagner du temps, les écrans sont pensés pour l'immédiateté et suppriment l'expérience nécessaire de l'attente et de la frustration.

L'expérience doit consister en un subtil métissage entre le monde réel et le monde virtuel, pour que l'enfant soit non seulement à l'aise avec les outils de son époque et en tire tous les bénéfices, mais aussi pour qu'il se prémunisse des troubles du développement de la psychomotricité dans l'écriture, le dessin ou les travaux pratiques, comme c'est aussi observé : en discutant avec des spécialistes d'une école d'art, j'ai pris conscience que ces activités deviennent de plus en plus fastidieuses pour l'enfant habitué à la simplicité d'usage des écrans tactiles.

Ceci étant, les écrans permettent aussi – et il faut le rappeler – d'aller plus vite, de capter plus rapidement tous les éléments visuels qu'une animation virtuelle propose. Ainsi, discuter avec un enfant de son expérience connectée et du contenu qu'il a visionné reste très utile. Cela lui permet de mobiliser à la fois son intelligence visuelle, mais aussi son intelligence narrative, en plus de faire la différence entre les deux mondes : le réel et le virtuel.

C'est dur dur d'être un parent !

Pourtant, que ce soit dans les écoles ou à la maison, les écrans continuent de faire partie du quotidien des enfants[1]. Les parents ne sont que très rarement au fait des risques et sont séduits par cette « nounou virtuelle ». Certains d'entre eux me confient même leur étonnement devant l'aisance de leur enfant avec les appareils électroniques et s'en enorgueillissent (alors que, nous l'avons vu plus haut, celle-ci est simplement d'ordre sensorimoteur).

---

1. « L'enfant et les écrans, un avis de l'Académie des sciences », rapport, 2013.

J'ai ainsi proposé une méthode que j'ai appelée « la méthode EQE », destinée aux parents dont les enfants sont dépendants aux écrans ou qui, tout simplement, souhaitent en encadrer l'usage. Celle-ci est basée sur trois valeurs : l'équilibre (entre réel et virtuel), la qualité (du contenu visionné par l'enfant) et l'échange (entre l'enfant et l'adulte).

L'équilibre : il s'agit d'alterner les supports de jeux et d'apprentissage à la fois numériques et non numériques. Le principe « 1 sur 2 » consiste à alterner un jour sur deux une activité réelle (comme danser dans le salon ou lire un livre) et une activité numérique ; à chaque fois accompagné d'un partenaire de jeu adulte. On y gagne des deux côtés : l'enfant bénéficie d'une attention toute particulière (ce qui lui manque souvent) et assimile la lecture ou toute autre activité non numérique comme un divertissement possible (du fait de la présence d'un adulte qui l'aide et interagit).

La qualité. On ne le dira jamais assez, que ce soit numérique comme dans d'autres domaines. La qualité des contenus sélectionnés est cruciale. Il s'agit ici de développer une approche critique quant aux contenus proposés, virtuels ou réels. J'aime à dire qu'un enfant qui passe quatre heures par semaine à apprendre le codage informatique de manière ludique ne grandira pas comme un enfant qui joue quatre heures par semaine à *Candy Crush*. Le piège, c'est que le second est gratuit. Cependant, il existe des jeux en ligne pour enfants à prix abordables ou encore des programmes d'apprentissage du codage gratuits, mis à disposition par des associations. Protéger les enfants face au contenu, c'est s'impliquer et prendre le temps de discuter. Enfin, le principe « en deux temps » a aussi porté ses fruits. Il consiste, après chaque temps passé sur les écrans, à discuter avec l'enfant. Ce qui a la double vertu de non seulement développer chez lui des qualités d'analyse et de narration, mais aussi de mieux comprendre sa perception des choses et l'aiguiller au besoin.

L'échange : échanger avec un enfant sur ses ressentis, mais aussi sur les risques qu'il encourt. Nous le voyons au quotidien, les interdictions et les logiciels de contrôle parental ne sont pas suffisants. Et pour cause, s'il suffisait d'interdire à un peuple de ne pas sortir de chez lui lorsqu'il est confiné pour qu'il le fasse, ça se saurait ! Notre expérience sur le terrain auprès des jeunes publics nous a convaincus d'une chose : c'est la transparence et l'auto-responsabilisation qui protègent le plus les individus des risques. Y compris les enfants. Je me suis aperçue que, même petits, les enfants sont capables de comprendre que les écrans peuvent avoir une mauvaise influence sur eux, à condition de leur parler comme à des personnes raisonnables. Dans ces conditions, la familiarisation intelligente des enfants aux écrans devient une réelle opportunité.

Ces ateliers sont de beaux moments de rencontre et de partage entre des familles venant d'horizons complètement différents ; et c'est peut-être là le plus riche de ce qu'il s'y produit. Alors qu'en France, les enfants obtiennent leur première tablette peu avant 7 ans[1], de nombreuses études montrent que les risques d'addiction précoce aux écrans sont plus grands chez les familles les plus démunies. Dans de nombreux foyers à bas revenus ou dont les parents ont peu de qualifications, c'est un moyen de leur offrir ce qu'il y a de meilleur. Initialement pensé comme un outil d'émancipation et

1. « La parentalité à l'épreuve du numérique », étude Mediamétrie pour l'Observatoire de la parentalité et de l'éducation numérique, 2020.

d'égalité des chances, le numérique devient, sans mode d'emploi, un facteur essentiel de clivage social.

Un coup d'« epee » dans l'eau ?

En 2018, un groupement de spécialistes attire l'attention sur un trouble neuro-développemental nouveau, « epee », désignant « l'exposition précoce et excessive aux écrans », qualifié d'autistique[1]. En réalité, c'est l'arbre qui cache la forêt. De la même manière que le déversement de produits chimiques empoisonne la faune marine des rivières et entrave le développement des écosystèmes, le numérique, par le biais de l'écran, devient un perturbateur environnemental qui affecte l'humain en interférant dans son développement. Cette même année, une proposition de loi visant à aider les parents à mieux s'informer et à mieux consommer le numérique a été rejetée, contre toute attente, par le ministère des Solidarités et de la Santé, alors qu'elle avait été soutenue par tous les groupes du Sénat, y compris ceux de la majorité[2]. Mais pour le ministère, alors occupé par Agnès Buzyn, « les données manqu[aient] quant aux conséquences de l'exposition des enfants, en particulier quant à leur développement psychomoteur ». La déception est grande. Autour de moi, médecins et parlementaires expriment beaucoup de colère,

1. Daniel Marcelli, Marie-Claude Bossière et Anne-Lise Ducanda, « Plaidoyer pour un nouveau syndrome : "exposition précoce et excessive aux écrans" (epee) », *Enfances & Psy*, n° 79, p. 142-160, novembre 2018/3.

2. La proposition de loi prévoyait « des messages avertissant des dangers des écrans pour le développement des enfants de moins de 3 ans » sur les « unités de conditionnement des outils et des jeux numériques comportant un écran », mais aussi dans « les messages publicitaires de ces équipements ».

et je la comprends. Je ressens davantage une immense incompréhension. Car en l'espèce, il n'existe aucune étude mettant en exergue le fait que les écrans sont bénéfiques pour les enfants non plus. Cette loi peut paraître dérisoire, or elle ne l'est pas : elle aurait permis à des millions de parents de mieux protéger leurs enfants. En guise de lot de consolation, on peut lire désormais dans tous les nouveaux carnets de santé que « les écrans sont déconseillés avant 3 ans ».

Dans d'autres pays du monde, la protection des enfants face aux écrans est aussi un enjeu. L'Allemagne mobilise le personnel de crèche pour inciter les parents à regarder leur bébé dans les yeux, à créer une « connexion » humaine ; un comportement qui se perd, à en croire les professionnels de l'enfance. Taïwan va encore plus loin : exposer son enfant de moins de 2 ans à un écran est considéré comme une maltraitance infantile et fait courir aux parents le risque d'une contravention de 1 500 euros. Si la répression n'est jamais, me semble-t-il, la meilleure des solutions, cette mesure a le mérite d'ancrer dans l'esprit des citoyens taïwanais à quel point l'usage excessif des écrans est délétère.

Aujourd'hui, en France, un enfant peut, sans aucun effort, accéder à du contenu dangereux, violent ou pornographique. En 2019, j'ai plusieurs fois été auditionnée par les ministères de la Santé et de l'Économie sur des sujets de responsabilité numérique, comme l'enjeu du libre accès à la pornographie sur Internet. Des sujets plus complexes à traiter qu'il n'y paraît[1].

---

1. Une loi a été adoptée par le Sénat en juin 2020 obligeant les sites pornographiques à contrôler l'âge des internautes sous peine d'être bloqués en France. Si une telle mesure vise à protéger les enfants des contenus dangereux et violents, elle pose aussi question sur le plan de

2. Dors, tu n'es pas un robot

Selon une large enquête menée en 2016, plus de 90 % des personnes dormant près de leur téléphone consultent leurs messages la nuit. 79 % y répondent sur-le-champ[1]. Les plus jeunes ne sont pas en reste : si 70 % des adolescents consultent leur smartphone dans la demi-heure avant d'aller dormir, 40 % d'entre eux le font cinq minutes avant de fermer les yeux[2]. Jusqu'ici, rien de bien étrange. Nous sommes nombreux à reconnaître là nos habitudes. Mais elles ont des effets plus que discutables sur notre santé.

Plus nous sommes connectés, plus nous passons de temps sur les écrans. La lumière bleue émise par les écrans via les diodes électroluminescentes (plus connues sous le nom de « LED ») tient en éveil en activant les cellules ganglionnaires, c'est-à-dire les récepteurs photosensibles non visuels de la rétine, jusqu'à soixante-dix fois plus que la lumière blanche[3]. Cela signifie que la lumière bleue envoie le message d'une exposition à la lumière bien plus massive que d'ordinaire et le transmet directement au noyau suprachiasmatique, le centre de contrôle du rythme circadien.

---

la vie privée des utilisateurs et des libertés fondamentales. Un sondage Ifop a révélé que 41 % des sondés contourneraient le système imposé par la loi. Source : étude Ifop pour le magazine « La voix du X », réalisée par Internet du 17 au 18 juin 2020 auprès d'un échantillon national représentatif de 1 020 personnes âgées de 18 ans et plus.

1. « Sommeil et nouvelles technologies », Institut national du sommeil et de la vigilance, enquête, 2016.

2. Michael B. Robb, « Screens and sleep, the new normal: parents, teens, screens, and sleep in the United States », Common Sense, 2019.

3. « Comprendre le fonctionnement de notre horloge interne », site internet de l'Inserm, 2019.

Qu'est-ce que le rythme circadien ? Il s'agit du rythme biologique de l'humain, qui dure environ 24 heures. Et la synchronisation de l'horloge interne s'effectue grâce à la lumière. Troubler son rythme circadien a des conséquences sur le sommeil, mais aussi sur le fonctionnement du système cardiovasculaire, ce qui peut déclencher des maladies comme l'obésité ou le diabète. Plus le temps et la qualité de sommeil sont réduits, plus la leptine (l'hormone de satiété) diminue et plus la ghréline (l'hormone digestive qui stimule notamment l'appétit) augmente.

Cette lumière bleue est tout aussi néfaste lorsque le niveau de lumière est faible. En 2015, des chercheurs de l'université Stanford ont fait subir à des sujets endormis de très courts flashs de lumière bleue, allant de deux millisecondes à dix secondes. Ce simple dérangement lumineux a provoqué chez les participants un désordre dans la répartition des activités de l'organisme, autrement dit, un dérèglement de l'horloge interne, alors même qu'ils étaient endormis. Claude Gronfier parle de chronotoxicité : la lumière est vitale et développe des effets positifs sur la santé le jour, mais dérègle le sommeil la nuit et, en conséquence, le système immunitaire[1]. En plus des répercussions que le manque de sommeil peut avoir au niveau cognitif (difficulté à se concentrer, à apprendre, etc.), il peut aussi y avoir un impact néfaste sur le plan psychique, comme une hausse de l'anxiété, l'apparition de crises d'angoisse ou de dépression. Depuis la lecture de ces rapports, je laisse davantage mon téléphone dans une autre pièce la nuit.

---

1. Interview de Claude Gronfier, chercheur en chronobiologie à l'Institut national de la santé et de la recherche médicale, *Le Monde*, 26 mars 2015.

Le sommeil est censé être un temps de déconnexion totale du cerveau. Or, la simple lumière émise par la réception d'une notification sur un écran suffit à réveiller la moitié des utilisateurs endormis lorsqu'ils sont près de leur portable, la plupart consultant l'annonce reçue et près de 80 % y répondant s'il s'agit d'un message[1]. Des questions de santé publique préoccupantes, encore plus quand on sait que les adolescents, en pleine croissance, sont les plus vulnérables. De nombreux médecins sensibilisent à la corrélation directe entre sommeil et écrans. Un sondage, réalisé en octobre 2018 pour le fabricant de mobiles Wiko, a montré que neuf adolescents sur dix considèrent leur smartphone comme un outil essentiel à leur épanouissement. Pour plus de la moitié d'entre eux, il est nécessaire à l'élaboration de leur vie amicale et sentimentale[2].

Une expérience intéressante a été menée, en 2015, par une classe de première d'un lycée de Colombes, dans les Hauts-de-Seine, à l'initiative de Réseau Morphée et de e-Enfance[3]. Ces lycéens et lycéennes ont interrogé plus de 600 de leurs camarades au sujet de leurs habitudes numériques, de leur sommeil et du rôle joué par leurs parents dans ces habitudes. Les résultats révèlent que la moitié des parents ne demandent jamais à leurs enfants la restitution de leur mobile avant de dormir. Dans les cas de très fortes dépendances, cela revient à laisser sa bouteille à un alcoolique au moment

1. Enquête INSV-MGEN, menée par Opinion Way auprès de 1 013 personnes âgées de 18 à 65 ans en décembre 2015.

2. « Les adolescents et les smartphones », sondage BVA pour Wiko, octobre 2018.

3. « Le sommeil, pays des écrans en veille », enquête qu'ils ont menée, encadrés par les associations Réseau Morphée et e-Enfance, auprès de 600 élèves, du CE2 à la quatrième, en fin d'année 2015.

du coucher. Les effets néfastes des écrans sur le sommeil des enfants, en particulier, sont scientifiquement avérés : les enfants âgés de 10 à 13 ans possédant une tablette ou un smartphone dans leur chambre dorment, en moyenne, 21 minutes de moins que les autres[1]. L'heure du coucher chez les enfants et les adolescents est de plus en plus tardive : 30 % des préadolescents indiquent ne pas trouver le sommeil avant 23 heures en semaine, alors qu'en cette période de croissance, les médecins recommandent neuf heures de sommeil par nuit. Aujourd'hui, en France, 30 % des adolescents sont concernés par l'hyposomnie, c'est-à-dire un manque de sommeil chronique cumulant des heures d'éveil nocturne, aussi appelé la « dette de sommeil »[2].

Si le sujet préoccupe médecins et chercheurs depuis l'essor des smartphones, peu de mises en garde institutionnelles, de protocoles de protection des citoyens ou d'initiatives technologiques ont été mis en place pour protéger les utilisateurs – surtout les plus jeunes. Sur les murs des salles d'attente d'hôpitaux et de centres médicaux, on trouve, en effet, quelques campagnes de sensibilisation, sur un fascicule perdu entre un kakémono sur le traitement de la myopie et un autre sur le dépistage du cancer des ovaires. C'est loin d'être suffisant. Or, sans ces connaissances, aucun moyen de se prémunir. Je répète inlassablement ceci lors de mes visites dans les collèges et les lycées : soyez exigeants avec le numérique ! Prenez tout ce qu'il peut offrir, pas ce qui rend malade.

---

1. Jennifer Falbe, Kirsten K. Davison, Rebecca L. Franckle, Claudia Ganter, Steven L. Gortmaker, Lauren Smith, Thomas Land, Elsie M. Taveras, « Sleep duration, restfulness, and screens in the sleep environment », *Pediatrics*, vol. 135, n° 2, février 2015.
2. Institut national du sommeil et de la vigilance (INSV), 2016.

3. L'hyperconnexion, cette amie toxique

Blurred-out

Dans une première vie professionnelle, j'ai parfois ressenti une grande fatigue. À l'époque, mon BlackBerry professionnel et mon iPhone personnel ne me quittaient jamais. Je recevais plusieurs dizaines d'e-mails par jour de la part de ma direction, sans compter les autres. Tous étaient prioritaires. Mon jeune âge et mon envie de bien faire jouaient en ma défaveur : je voyageais tout le temps, et mes deux smartphones faisaient de moi une collaboratrice disponible à tout moment. On appelle cela « charger la mule », là d'où je viens. L'une de mes managers avait pris la jouissive manie de m'appeler systématiquement au bout de trente minutes après l'envoi de son e-mail pour me demander, d'un ton sec et autoritaire, de lui expliquer pourquoi je n'y avais pas (encore) répondu.

Bref, à 26 ans, j'ai craqué.

J'avais honte de me voir dans un état pareil aussi jeune. Comment, moi, je pouvais être « épuisée » ? Moi qui pensais être un bourreau de travail ? Car c'était mon ressenti : je n'arrivais plus à travailler, plus à penser. La seule idée d'ouvrir un e-mail m'angoissait et déclenchait des migraines. J'en pleurais parfois. J'avais grandement besoin d'air et de silence, mais aussi de perspectives. Ce que ma vie ultra-connectée, la tête dans le guidon, ne m'offrait plus.

Le stress numérique est une réalité. La détention d'un smartphone professionnel occasionne une astreinte numérique permanente. Entre instantanéité et surcharge informationnelle, le « blurring » (manque de frontières entre les sphères personnelle et professionnelle) est toujours d'actualité[1]. Il est donc essentiel de continuer d'en parler : comment avancer si le progrès nous épuise ?

Nouvel ordre social

Lorsqu'il est apparu dans nos vies, l'e-mail était à l'image du courrier, asynchrone. C'est-à-dire qu'il ne supposait pas une réponse en retour dans l'heure qui suit. La culture de l'e-mail, notamment dans la vie professionnelle, l'a rendu parfaitement synchrone[2]. En 2012, les salariés passaient en moyenne 28 % de leur temps de travail à lire et à répondre à leurs e-mails, ce qui correspond à 2,8 heures par jour pour un salarié à plein temps. En 2016, ce chiffre est passé à 5,6 heures[3]. En France, 74 % des salariés regardent leurs e-mails professionnels en dehors des heures de travail. 20 % admettent le faire dès le matin, avant même de sortir du lit. De plus en plus de salariés rapportent que le traitement immédiat des e-mails est une source majeure de stress et une difficulté à surmonter au quotidien ; alors qu'en réalité, il fait baisser de manière significative leur productivité[4]. Lorsque nous essayons de nous concentrer sur une tâche qui nous a été donnée, nous recevons des e-mails en continu. Les notifications nous l'indiquent, sur notre téléphone ou notre ordinateur, la pastille est là pour nous rappeler combien restent en attente de traitement. Plus les e-mails affluent,

1. Pour aller plus loin sur ce sujet, lire *Infobésité. Comprendre et maîtriser la déferlante d'informations* (Vuibert, 2013) et *Mieux s'informer pour mieux communiquer. Décrypter. Sélectionner. Transmettre* (Dunod, 2009) de Caroline Sauvajol-Rialland.

2. « The social economy: unlocking value and productivity through social technologies », McKinsey & Company, rapport, juillet 2012.

3. « Emails, we just can't get enough », rapport Adobe 2016.

4. Cindy Felio, chercheuse associée au laboratoire MICA de l'université Bordeaux-Montaigne.

plus le stress augmente à l'idée de ne pas pouvoir tous les traiter – du moins pas instantanément. Cela affecte non seulement l'efficacité au travail, mais aussi la santé mentale et morale au quotidien. En mai 2019, près de 40 % des Français indiquent être malheureux dans leur travail, en grande partie à cause de ce mal-être lié à la non-déconnexion et à la surcommunication[1].

En un temps très court (à peine une quinzaine d'années), la communauté médicale voit émerger de nouvelles formes de stress, comme la nomophobie (la peur excessive d'être séparé de son téléphone mobile ou dans l'incapacité de le consulter[2]). En 2019, un jeune sur cinq avoue répondre à un appel ou un message pendant qu'il fait l'amour[3]. L'hypovibrochondrie (*ringxiety* en anglais), désignant la sensation erronée de sentir ou d'entendre son smartphone vibrer alors qu'il n'en est rien, ou encore le « stress de l'e-mail » (le besoin compulsif de consulter sa messagerie, qui peut aller jusqu'à quarante consultations par heure) sont autant de phénomènes aussi récents que sérieux. Pour paraphraser l'addictologue Philippe De Azevedo, le smartphone est tout simplement devenu « une partie du corps humain, un organe à part entière ».

Outre cela, ce qui est encore plus grave avec l'accès illimité à nos boîtes mail, peu importent le lieu et l'heure, c'est qu'il s'est créé une sorte d'injonction tacite à répondre immédiatement aux e-mails, surtout quand ils sont d'ordre professionnel. Tout d'abord parce que

1. Deux études traitent du sujet : « les Français et le stress », menée par OpinionWay, publiée en mai 2019 et ADP consulting.

2. « Nomophobie » a été désigné « mot de l'année 2018 » par le *Cambridge Dictionary*.

3. Étude Ipsos commandée par l'entreprise Caprice des Dieux, réalisée du 15 au 24 décembre 2018 auprès de 1 200 personnes âgées de 18 à 55 ans.

l'on anticipe ainsi le stress de retrouver sa boîte pleine en arrivant au bureau, mais aussi parce qu'on a développé une sorte de sentiment de *devoir* : même si nous ne sauvons pas des vies, répondre à son patron ou à un collègue semble parfois relever de la mission vitale. Et encore, s'il n'y avait que les e-mails. Car les codes de la communication en entreprise – comme ailleurs – ont changé, et les canaux de contact se sont multipliés. Il est difficile, jour après jour et sans relâche, de s'assurer que l'on n'a loupé aucune information sur la multitude des plateformes de communication dont on dispose sur un smartphone (WhatsApp, Messenger, Work Chat, Slack, iMessage, Outlook, Gmail, etc.).

Qu'est-ce qui fait naître ce sentiment d'injonction ? Rappelons-nous qu'une entreprise reste une communauté. Une microsociété où s'appliquent les mêmes règles tacites de conformisme. Conséquemment, il n'est pas rare, quand on intègre une entreprise, que l'on perçoive des codes chez ses collègues (qu'ils soient vestimentaires ou langagiers) transparaître dans leurs méthodes de travail ou leurs comportements collectifs. Car on le sait désormais, le simple fait d'effectuer correctement son travail ne suffit généralement pas pour garder son emploi. Pour rester dans une communauté, il faut aussi répondre aux codes établis, demeurer dans le même état d'esprit.

Et, de fait, être joignable à toute heure, hyper-réactif et hyperconnecté est devenu un critère communautaire. Ce critère communautaire, je l'appelle « l'habit tribal », en écho à ce que rien n'a changé depuis la préhistoire. Nos ancêtres reconnaissaient les membres de leur tribu grâce à leurs habits ou encore leur langage corporel. Être toujours joignable et répondre en temps réel constituent un des nombreux habits tribaux du monde de l'entreprise : il est impensable d'attendre cinq jours avant de répondre à des e-mails « en interne ». Un salarié qui s'y essaye risque d'être jugé comme peu ou pas compatible avec l'esprit de l'entreprise.

Nous donnons à nos smartphones, capables de nous *sonner* à toute heure, un trop grand pouvoir sur notre cerveau. Le monde de l'entreprise doit, plus que jamais, se saisir de ce sujet et prendre des mesures concrètes pour le traiter, en commençant par informer les salariés sur le sujet, mais aussi en instaurant des règles d'écologie numérique, une écologie pour l'individu et le collectif.

Petit précis d'écologie numérique pour le cerveau

Depuis mes premiers pics de stress numérique, j'ai décidé de m'astreindre à mes propres règles. Je définis un créneau horaire pour répondre à mes e-mails. Je m'y tiens, cela me permet de ne pas polluer mes autres temps de travail. Dans les moments d'activité professionnelle intense, je programme des créneaux de dix minutes où je vérifie mes e-mails. Dans ce temps imparti, je dois décider de ce qui est superflu, urgent ou important, et de ce que je pourrai traiter plus tard.

Il est important d'accepter le fait d'être indisponible. C'est la façon dont les notifications programment insidieusement notre comportement ; elles impliquent tacitement que nous soyons toujours disponibles, et nous acceptons cette idée[1]. Outre le syndrome du « stress de l'e-mail », nous vérifions, en général, nos e-mails quinze à vingt fois par jour, toutes les trente-sept minutes. Or,

1. Sur iPhone, la sonnerie des messages par défaut prévoit une deuxième sonnerie deux minutes après la première, comme pour vous rappeler à l'ordre si jamais vous ne réagissez pas au premier appel. Encore un *dark pattern*.

seulement 11 % des clients et 8 % des collègues de travail attendent une réponse dans l'heure[1]. C'est pourquoi, pour aller plus loin encore dans ma démarche, j'ai pris l'initiative de désactiver mes notifications. De ne pas tolérer qu'on me *sonne* – même si j'aime beaucoup les chiens, pas question de me comporter comme tel ! Car ces injonctions à la sonnerie constituent bien un dressage numérique.

En outre, beaucoup de gens ne trient pas leurs e-mails. J'ai, un temps, fait partie de cette catégorie de personnes. La raison à cela est simple : les fonctionnalités de recherche d'e-mails sont tellement élaborées qu'on pense que l'on perdra plus de temps à les classer qu'à effectuer une recherche par mot-clé. Cependant, lorsque l'on survole d'autres e-mails pour accéder à celui que l'on recherche, on a tendance à les relire, même en diagonale, ce qui a pour conséquence de détourner notre attention. Il est en plus très probable de réaliser, durant la recherche, qu'il nous reste de nombreux e-mails non traités ; ce qui a le désavantage d'augmenter le niveau de stress, et on oublie qu'au départ, on cherchait à retrouver un message bien précis. Ne pas trier ses e-mails participe à la pollution visuelle et donc mentale. Pour y remédier, chaque fois qu'un e-mail nécessitant un suivi est lu, je l'archive, lui attribue une couleur selon sa nature et, une fois que le dossier est définitivement clos, je le supprime.

Au travail, j'ai une messagerie instantanée exclusivement dédiée aux membres de mon équipe, laquelle n'en use qu'à bon escient. Cela me permet de distinguer les messages en lien avec l'organisation quotidienne de mon entreprise. En mettant en place ces actions, j'ai réalisé que j'étais plus sereine, et beaucoup moins stressée, le temps paraissant plus dense. Et, surtout, j'ai plus de contrôle sur

1. Customer Service Benchmark Report 2018, SuperOffice.

ma journée : c'est comme si j'avais installé des tiroirs dans mon cerveau : je ne les ouvre que lorsque je l'ai décidé.

Il n'y a pas qu'au travail que je tente de modifier mes habitudes numériques. Je mentirais si je disais que je n'aime pas passer du temps sur Internet – et il n'y a aucun mal à cela. Comme pour ma gestion des e-mails, je m'accorde simplement des plages de temps dédiées à la consultation de mon téléphone. Par exemple, lorsque je m'attelle à des projets longs – par exemple l'écriture de ce livre –, je travaille en micro-actions, m'inspirant de la méthode en management du temps « Pomodoro[1] ». Je me fixe des temps de travail, qui constituent des lignes d'arrivée et, à chaque objectif atteint, je m'accorde une pause durant laquelle je m'autorise un tour sur les réseaux sociaux. Certains jours, je me surprends à ne même plus toucher mon téléphone durant mes pauses, ce qui me procure un agréable sentiment de fierté et... de liberté pure. J'apprécie davantage mes journées, avec, en prime, la sensation de les avoir vraiment vécues.

Dernière règle : trois soirs par semaine, j'éteins mon téléphone à partir de 21 heures. Mes proches ont d'autres moyens de me contacter, en cas d'urgence. Cela me permet de retrouver une vraie vie de famille, d'apprécier un dîner, de prendre pleinement part aux conversations. Je ne réussis pas toujours, mais je poursuis mes efforts, semaine après semaine. Il s'agit seulement de se *déshabituer*. De la même manière que l'on trie ses poubelles, que l'on coupe l'eau lorsqu'on se brosse les dents, tout est une question d'habitude – ou, du moins, de perte d'habitudes.

1. Celle-ci fut développée dans les années 1980 par l'Italien Francesco Cirillo.

Chapitre 3

Les algorithmes de l'addiction

1. L'économie de l'attention

En 2014, loin de ses préoccupations habituellement politiques, Banksy dénonce, à travers sa peinture murale *Mobile Lovers*, l'addiction aux écrans : l'œuvre représente un couple enlacé, mais chacun a les yeux rivés sur son smartphone, sans prêter attention à l'autre. Plus tard, la même année, peu avant la sortie de l'iPhone 6, une autre peinture apparaît, représentant un smartphone dans une main y prenant littéralement racine, comme pour en devenir une extension. Les écrans sont addictifs et, non, il ne suffit pas de se dire « c'est mauvais pour ma santé, je laisse mon téléphone en dehors de la chambre » pour parvenir à réguler leur utilisation. Il y a une part de difficulté dans ce geste. Il y a une part d'addiction dans nos comportements. Et le meilleur moyen de commencer à soigner cette addiction est d'abord de comprendre d'où elle vient.

Le sociologue et Prix Nobel d'économie Herbert Simon soutient qu'il existe deux types de sociétés. Il distingue les sociétés du passé, pauvres en informations, des sociétés actuelles, qui en sont riches[1]. Ces dernières

1. Herbert Simon, « Designing organizations for an information-rich world », *The Johns Hopkins Press*, 1971.

se caractérisent par l'accès à une quantité d'informations trop importante par rapport à nos capacités attentionnelles limitées. Or, l'enjeu principal des entreprises est de capter l'attention : produire et diffuser de l'information en continu pour vendre des services et des biens.

Auteur d'un ouvrage traitant du sujet, Yves Citton explique que « la principale difficulté, aujourd'hui, n'est pas tant de produire un film, écrire un livre ou faire un site web, que d'attirer l'attention d'un public submergé de propositions, souvent gratuites, plus attrayantes les unes que les autres[1] ». L'attention d'une personne, c'est-à-dire sa disponibilité intellectuelle, est ainsi devenue le graal à atteindre.

Quand avons-nous basculé d'une société pauvre en informations à une société riche en informations ? À vrai dire, à la fin du XIXe siècle. La demande de biens de consommation étant en pleine croissance, les publicitaires s'intéressent rapidement aux enjeux attentionnels[2].

Lors d'une conférence que je donnais à des étudiants en finance, je demandai à mon auditoire de citer le nom d'une chaîne de télévision française. La première réponse fut « TF1 », créant le consensus général. Je leur demandai ensuite de citer le nom d'un réseau social. Là encore, la première réponse donnée, « Facebook », provoqua l'adhésion. Enfin, je demandai à la classe de citer le nom d'une régie publicitaire. À cette question, je ne reçus aucune réponse. Les élèves me regardaient, l'air renfrogné, quand une étudiante posa la question que j'attendais : « Qu'entendez-vous

1. Yves Citton (dir.), *L'Économie de l'attention. Nouvel horizon du capitalisme ?*, La Découverte, 2014.

2. Gabriel Tarde, *Les Lois de l'imitation. Étude sociologique*, Éditions Kimé, 1890.

exactement par “régie publicitaire” ? » TF1 et Facebook se font respectivement appeler « chaîne de télévision » et « réseau social ». Or, le modèle économique de ces deux entreprises ne repose que sur la vente d'espaces publicitaires. Ces deux entreprises vendent de la publicité (soit diffusée pendant les coupures de films et d'émissions de télé, soit entre deux publications sur les réseaux sociaux). L'une attire notre attention avec des films et des séries, l'autre propose de voir la vie des autres et d'exposer la sienne. Quand nous sommes sur Internet, le fameux temps de cerveau disponible que l'on consacre aux réseaux sociaux, e-mails ou autres passe-temps numériques, c'est du temps que l'on ne consacre pas à autre chose.

C'est précisément là que le sujet de la pollution numérique intellectuelle prend toute son importance : si tout est fait pour passer du temps devant nos écrans, il convient de hiérarchiser les contenus en fonction de leur qualité, car selon le choix effectué, l'impact sur nos goûts et nos modes de pensée ne sera pas le même. Michel Desmurget abonde en ce sens : « Le cerveau fonctionne comme tout organisme vivant : plus son environnement nourricier porte de nutriments, meilleure est sa croissance. Or la nourriture numérique est pauvre et le développement cérébral va en pâtir[1]. » Tandis qu'ils s'enrichissent du temps d'attention disponible des individus, les modèles économiques des géants d'Internet font, en même temps, le lit d'un déclin intellectuel certain. Celui-ci conduit droit vers de nombreuses incidences cognitives, à commencer par l'augmentation des troubles de l'attention, mais aussi de la concentration.

1. Michel Desmurget, *TV Lobotomie. La vérité scientifique sur les effets de la télévision*, Max Milo Éditions, 2011.

2. Ceux qui nous piègent depuis la Silicon Valley

Au sud de la baie de San Francisco, l'effervescence autour de la technologie est palpable. Lorsque je travaillais là-bas, j'essayais de prendre un certain recul : une idée brillante, oui ! Une usine à gaz, non merci. Mes amis et collègues se moquaient de mon approche trop analytique. Pour eux, j'étais trop française ! Le fait est que, dans la Silicon Valley d'aujourd'hui, l'enjeu est avant tout de trouver une application qui agglomérera le plus de millions d'utilisateurs possible et, par les biais cognitifs, de leur vendre le plus de services possible.

Aux États-Unis, en 2007, seulement 4 % des adultes possédaient un smartphone[1]. En janvier 2017, ce chiffre est passé à 77 %[2]. En dix ans, l'ascension des nouvelles technologies dans le quotidien des humains s'est faite de manière exponentielle aux États-Unis, tout comme en Europe et encore davantage dans les pays du Moyen-Orient et les pays asiatiques : en Corée du Sud, par exemple, 88 % des habitants possèdent un smartphone, dont 100 % (tout simplement) des moins de 35 ans[3]. Dans la Silicon Valley, j'ai assisté à des soirées lunaires où des conversations peuvent durer six heures d'affilée, non pas pour refaire le monde, se demander comment sauver les ours polaires, les enfants du tiers-monde ou réduire l'impact carbone, mais comment concevoir un

1. « 5 years later: a look back at the rise of the iPhone », ComScore, juin 2012

2. Dont 92 % chez les moins de 35 ans, voir « Mobile fact sheet », Pew Research Center, Washington, DC, janvier 2017.

3. « Smartphone ownership and internet usage continues to climb in emerging economies », Pew Research Center, février 2016.

parcours utilisateur qui procurera le plus de bien-être et donc développera le plus d'addiction. C'est bien simple : plus on est accro, plus les plateformes gagnent de l'argent. Nir Eyal, un expert en « expérience utilisateur » formé à Stanford, écrit : « Les technologies que nous utilisons sont devenues des addictions à part entière. [...] Rien de tout cela n'est un accident. Tout est simplement comme leurs concepteurs l'ont voulu[1]. » Les outils numériques produisent des phénomènes d'addiction parfois plus forts que certaines drogues. Or, cette addiction aux écrans n'est pas un simple dommage collatéral de nos sociétés connectées, c'est une stratégie pensée par les géants de l'industrie numérique.

Juin 2019. Washington. Des développeurs en informatique pas comme les autres sont interrogés par le Sénat américain, qui cherche à comprendre comment, concrètement, les GAFA[2] manipulent les internautes. On les appelle des « UX designers ». Mais ils ne sont pas n'importe quels concepteurs de parcours utilisateurs : au-delà de détenir un diplôme d'ingénieur informatique, ils sont aussi, souvent, docteurs en sciences cognitives[3]. Leur travail ? Adapter les outils aux comportements souhaités chez les futurs consommateurs. Pour cela, on mêle psychologie appliquée et design : en anticipant les comportements des utilisateurs, on conçoit des interfaces qui inciteront les utilisateurs à faire des choses qu'ils ne veulent pas vraiment faire[4] (comme s'abonner

1. Nir Eyal, *Hooked: How to Build Habit-Forming Products*, Penguin, 2019.

2. Acronyme signifiant « Google, Apple, Facebook, Amazon ».

3. John Brownlee, « Why dark pattern won't go away », *Fast Company*, 22 août 2016.

4. À vrai dire, si on regarde bien, on retrouve des *dark patterns* même dans la vraie vie. Ikea, dans son parcours imposé en sens unique,

à une newsletter, cliquer par inadvertance sur une publicité ou mieux, acheter un service en plus sans même s'en apercevoir). Ces pièges, on les appelle des *dark patterns*[1].

Nos smartphones sont pensés de la même manière que les machines des casinos : on sollicite les leviers cognitifs de l'addiction au jeu. Prenons par exemple l'application « Mails » de notre téléphone. Pour actualiser notre boîte aux lettres, le doigt « glisse » vers le bas de sorte à actualiser la liste des messages reçus. Une petite roulette indiquant le chargement d'éventuels nouveaux e-mails apparaît alors. Pourtant, si on fait l'expérience de se rendre sur notre boîte de réception sans toucher à l'écran, on verra que les messages s'actualisent quand même. Pour autant, nous n'aurons pas le sentiment que cette actualisation a été effective en dépit de la mention « mis à jour à l'instant ». Comme avec les machines à sous où il faut tirer du haut vers le bas pour faire tourner le mécanisme, la petite roulette de nos messageries installe un rituel addictif, qui nous incite à revenir et revenir encore. Les *dark patterns* sont nombreux : fil d'actualité sans fin des réseaux sociaux, répétition des notifications, vidéos qui s'activent automatiquement et s'enchaînent…

Concevoir des *dark patterns* s'apprend dès l'université, et Stanford fait partie des précurseurs en la

---

place ses produits « les plus regardés » à plusieurs endroits du parcours. Ainsi, le client qui ne s'est pas laissé tenter la première fois a de nombreuses chances de se dire en revoyant le produit : « Cette fois je le prends. » L'enseigne utilise ainsi le design et la psychologie appliquée afin de pousser les consommateurs à faire quelque chose qu'il n'avait pas prévu de faire.

1. En français, *dark pattern* peut se traduire par « piège à utilisateur ». Ce terme a été introduit la première fois par le docteur en sciences cognitives Harry Brignull.

matière : dès la fin des années 1990, l'université américaine crée le « Persuasive Tech Lab », un centre de recherche en manipulation technologique (*sic*). On y étudie et développe des techniques systémiques qui modifient les comportements des utilisateurs. Sur le site institutionnel de Stanford, on trouve différents programmes comme le *Behavior Wizard*[1] ou encore le *Mass Interpersonal Persuasion*[2]. On y dispense des cours à des étudiants qui deviendront des dirigeants et des designers stars de la Silicon Valley.

La bonne nouvelle, c'est qu'il existe désormais des « designers éthiques », qui réfléchissent à l'impact du design et font en sorte que les interfaces aident davantage les utilisateurs qu'elles ne les manipulent. J'ai eu la chance, avec Digital For The Planet, de voir cette profession éclore dans le monde entier et travailler avec nombre d'entre eux. Je le redis ici : il ne s'agit pas de renier le numérique mais d'en initier le futur.

3. On lit comme des algorithmes

En ce qui me concerne, je le vois à la façon dont mes comportements ont évolué ces dix dernières années. Par exemple, je ne sais plus lire un livre jusqu'au bout avant

1. *Behavior Wizard*, traduit en français par « assistant de comportement », consiste à définir des comportements cible ainsi que les moyens d'amener les utilisateurs à se comporter de cette manière. Cela peut tout autant servir à inciter un étudiant à mieux réussir ses études qu'à l'inciter à parier en ligne.

2. *Mass interpersonal persuasion*, traduit par « persuasion interpersonnelle des masses », née en 2007, avec l'essor des réseaux sociaux en ligne, est un ensemble de techniques permettant de changer les attitudes et les comportements à grande échelle.

d'en commencer un autre. J'en lis cinq en même temps et mets beaucoup plus de temps à les terminer. (Je vous entends d'ici : « Mais oui, moi aussi ! ») Récemment, je suis partie en voyage le temps d'un week-end avec… six livres dans mon sac. Bien évidemment, je n'en ouvrirais pas la moitié. Mais les avoir avec moi me rassurait. Je me suis aperçue que ces livres emportés étaient, en fait, comme les onglets d'une fenêtre Google : tous ouverts et disponibles en même temps. Il m'est devenu impossible de m'intéresser à un seul sujet sur une longue plage de temps. Si vous êtes pareils, je ne serai pas celle qui vous jugera. Là encore, les algorithmes ont une part de responsabilité.

Le fait est qu'il faut passer le moins de temps possible sur chaque sujet, car le fameux FOMO nous guette : *fear of missing out*, littéralement, en français, « la peur de louper quelque chose ». De plus en plus de personnes tentent de contrebalancer la tendance avec son opposé ; le JOMO, *joy of missing out*, « le plaisir de louper une information ». Et ça se tient. Qui attend de moi que je sois au fait de la politique intérieure de la Corée du Sud en temps réel ? Absolument personne. Mais la lecture courte contribue tout de même à un appauvrissement de la qualité des contenus en même temps qu'elle handicape la compétence à lire longtemps ; un phénomène qui n'épargne personne et encore moins les enfants en plein apprentissage de la lecture. Depuis plus de dix ans, la recherche nous alarme à ce sujet[1]. Les textes courts, privilégiés par les algorithmes[2], limitent la diversifica-

1. Sylviane Ahr, Max Butlen, Marie-Laure Elalouf, « Lectures sur écran, lectures sur papier : discours et représentations des élèves de 15 ans », *Le Français aujourd'hui*, n° 178, 2012/3, p. 65-76.

2. Plus vous lisez des textes courts, plus vous pouvez en lire d'autres. Rappelez-vous, en matière de numérique, tout est une question d'optimisation du temps.

tion du vocabulaire. Or, un enfant en pénurie de mots – possédant environ huit fois moins de mots que ce que l'on peut en attendre à l'entrée au CP – n'a presque aucune chance d'apprendre à lire de façon convenable[1].

Maryanne Wolf souligne cet état de fait dans son ouvrage *Proust et le calamar* avec une formule fameuse : « Nous ne sommes pas seulement ce que nous lisons, nous sommes comme nous lisons[2]. » Nous fonctionnons de plus en plus par mots-clés et par traitement rapide de l'information. De fait, notre cerveau s'habitue à prendre des raccourcis, par le biais de textes courts, ce qui a pour conséquence inéluctable d'appauvrir notre processus de réflexion.

Si la manière dont on utilise Internet affecte nos capacités de concentration, il y a encore plus étonnant : l'exposition passive aux écrans suffirait à s'exposer à des déficiences cognitives[3]. On parle alors de « dilution du cerveau[4] ». Selon une étude, lorsque notre téléphone est présent autour de nous, les processus cognitifs en charge de la gestion de l'attention se bloquent, réduisant

1. « L'apprentissage de la lecture se joue en grande section de maternelle », interview d'Alain Bentolila, par Émilie Trévert, *Le Point*, juin 2019.

2. Maryanne Wolf, *Proust et le calamar*, Éditions Abeille et Castor, 2015.

3. Nous employons de plus en plus le terme « cognitif » pour exprimer de nombreuses idées. Il m'a semblé ici utile d'en rappeler une définition simple, afin de mieux le comprendre et l'utiliser à bon escient : le terme « cognitif » qualifie ce qui a trait à la capacité d'acquisition, de traitement et de gestion des connaissances. Un terme souvent confondu avec « cérébral » qui, lui, concerne tout ce qui appartient et est propre au cerveau. Toutefois, les deux notions sont assez liées, les activités cognitives évoluent dans le cerveau et ses différentes régions.

4. Adrian F. Ward, Kristen Duke, Ayelet Gneezy, Maarten W. Bos, « Brain drain: the mere presence of one's own smartphone reduces available cognitive capacity », *Journal of the Association for Consumer Research*, mars 2017.

significativement la disponibilité générale de nos ressources attentionnelles.

À en croire de nombreux Français, le smartphone permet de faire plusieurs choses en même temps[1]. Rien n'est moins sûr. La biologiste spécialiste des mécanismes de l'attention Aurélie Bidet-Caulet explique comment deux actions sollicitant le même réseau cérébral entrent forcément en conflit : « Au moment où vous allez écrire un bout d'e-mail, vous raterez ce que l'interlocuteur vous dit au téléphone. Le cerveau va alors "saturer" et l'une des activités va forcément en pâtir[2]. »

On croit, à tort, que le numérique nous rend multitâches, développant au passage nos capacités cérébrales : qui peut dire qu'il n'a jamais surfé sur Instagram tout en regardant d'un œil sa série préférée, en même temps qu'il discute avec un ami ? A-t-on vraiment réussi à faire les trois correctement ? Sur le plan cognitif, ce *multitasking* tant vanté à peu près partout ne tient pas debout. C'est comme un shampoing 2-en-1 : en fait, ça fait très mal les deux.

4. Entre plaisir et dépression, il n'y a qu'un pas

Nous avons les yeux rivés sur l'écran de notre smartphone environ 3 h 40 par jour. Nous interagissons avec lui à 85 reprises par jour, au lit, au restaurant, en voiture, devant la télévision, en famille ou au travail. Si on leur demandait de choisir, les Français choisiraient de se passer de sexe ou de parler à leur conjoint

1. « L'attention à l'heure du numérique », sondage BVA, 2016.
2. *Hyperconnectés. Le cerveau en surcharge*, Arte documentaire, septembre 2018.

pendant une semaine plutôt que de se passer de leur smartphone[1]. Parlons-en.

À quel moment les comportements numériques deviennent-ils pathologiques ?

Les réseaux sociaux sont conçus pour sécréter de la dopamine dans nos cerveaux, l'hormone du plaisir et du bien-être, de la motivation mais aussi de l'addiction[2]. Lors de leur audition au Sénat, les ingénieurs frondeurs, dont nous avons parlé, ont expliqué comment et pourquoi cliquer sur le bouton « j'aime » sur les réseaux sociaux procurait un profond sentiment de plaisir et de satisfaction. *Liker* une photo ou recevoir une notification actionne les circuits neuronaux de la récompense, les mêmes qui sont activés par la consommation d'alcool, de drogue, par le jeu, le sport ou le sexe. Or, on le sait pour la drogue et l'alcool, il en va de même pour la surconsommation numérique : au-delà de la sensation de plaisir, la dopamine crée des dépendances. Les circuits dopaminergiques peuvent prédire à l'avance combien nous désirons une chose et en éprouverons du plaisir. Ces mêmes circuits évaluent ensuite si la réalité correspond à la prédiction ou non[3]. En d'autres termes, si la nature de la notification reçue, par exemple, n'est pas à la hauteur de nos attentes, le taux de dopamine chute. Et puisque nous sommes

1. Leslie A. Perlow, « Sleeping with your smartphone : how to break the 24/7 habit and change the way you work », *Harvard Business Review Press*, 2012 ; Sally Andrews, David A. Ellis, Heather Shaw, Lukasz Piwek, « Beyond self-report : tools to compare estimated and real-world smartphone use », *PLoS One*, 2015 ; « Mobile touches : dscout's inaugural study on humans and their tech », Dscout, research report, 2016.

2. Léo Favier, *Dopamine – Instagram*, Arte, documentaire, 2019.

3. Sharon Begley, *Can't Just Stop: An Investigation of Compulsions*, Simon & Schuster, 2017 ; Adran F. Ward *et al.*, « Brain drain », art. cit.

abreuvés quotidiennement de notifications, nos circuits neuronaux « misent » chaque fois sur la prochaine notification qui produira une montée d'hormone de plaisir : ils l'anticipent, l'attendent, comme un toxicomane attend son « shoot ».

La première fois que j'ai parlé d'Instagram à des étudiants, avant que ce réseau social ne devienne un des plus utilisés au monde, la plupart d'entre eux ont rétorqué : « Mais… ça sert à quoi de poster uniquement des photos ? », « Si c'est que ça, je peux tout aussi bien le faire sur Facebook ! » Publier des photos de soi, de ce qu'on *aime*, n'était pas si intuitif que ça, quand on y pense. C'est en ce sens qu'Instagram a développé la fonction « filtres », qui permet d'enjoliver la réalité en lui donnant littéralement une autre teinte. Cette vie fictive, enviable et enviée que nous renvoyons au monde agit comme un miroir déformant. Plus nous postons et nous abonnons à d'autres comptes, plus Instagram dispose d'informations (on dit des points de données) pour adresser aux utilisateurs de la publicité toujours plus ciblée. Ce faisant, l'addiction se développe : tout ou presque semble important à photographier : une assiette au restaurant, un paysage paradisiaque, la devanture en fleurs artificielles d'un hôtel, ses pieds, les pieds de ses amis, une nature morte improvisée chez soi ou encore soi-même. Et me moquer de cela dans ce livre ne m'empêche pas, hélas, d'être autant concernée que les autres.

L'estime de soi repose sur notre comparaison à l'autre. Or, Instagram est une évaluation en continu de notre valeur par rapport aux autres. C'est ce que le professeur de Stanford B. J. Fogg nomme la « validation sociale ». C'est, par ailleurs, lui qui a mis au point la notion de captologie[1] : l'étude des techniques de persuasion informatique. Il a compté parmi ses étudiants à Stanford un certain Kevin Systrom ; à l'époque, un simple étudiant. Mais qui deviendra plus tard le fondateur… d'Instagram. L'estime de soi est un sentiment vacillant, instable. Moins on a de *j'aime*, moins on s'estime. Cela génère une compétition constante avec les autres, mais aussi avec soi-même.

Une amie psychiatre me parlait d'une patiente qu'elle suit : celle-ci est une influenceuse renommée sur Instagram avec à son actif quelques centaines de milliers d'abonnés. Récemment, son compte a perdu 35 % d'abonnés, et ses publications autant de *likes*. Ce phénomène s'est d'abord traduit par un mal-être latent : son reflet dans le miroir et sur les photos ne lui plaisait plus, elle développait des complexes. Elle a ensuite songé à la chirurgie esthétique, convaincue que sa baisse d'audience était liée à son physique. Elle était sujette aux sautes d'humeur, à l'agressivité, et son couple a fait les frais de cette mésaventure. Elle a perdu le goût d'entreprendre, se plaignait de ne plus avoir d'idées ni de projets et se disait très fatiguée moralement. Enfin, elle s'est mise à boire seule et a reconnu avoir commencé à consommer, quelquefois, différentes drogues : une manière de compenser l'absence de récompense immédiate. Elle est entrée dans une phase de détresse, puis de dépression, nécessitant un traitement. Au fil des jours, sur les photos qu'elle continuait de poster sur Instagram, elle se dénudait de plus en plus, se mettait en scène de façon parfois embarrassante. Sa dose de dopamine, qu'elle comblait avec la validation sociale récoltée à mesures des *likes*, était en berne. Cette jeune femme est hélas loin d'être un cas isolé.

1. Traduction libre de *captology*.

Chapitre 4

Du diabète numérique à la magie du cerveau

1. Diabétiques numériques

Bernard Stiegler disait que le numérique est un *pharmakon*. Cela signifie qu'il est à la fois remède, poison et bouc émissaire. Ce mot grec ancien donnera plus tard le mot « pharmacie ». À l'image d'un médicament, les nouvelles technologies permettent d'être en meilleure forme, de progresser. Mais à trop forte dose ou mal administrées, elles peuvent devenir néfastes. Partons du principe qu'il existe des « technologies haut de gamme » et des « technologies bas de gamme ». J'ai tendance à faire le parallèle avec le diabète : le sucre est une substance essentielle dans l'alimentation. Mais c'est le sucre synthétique (et donc de mauvaise qualité) qui a favorisé l'essor de cette maladie métabolique[1]. Une des façons de lutter contre la pollution numérique intellectuelle reste de consommer du contenu numérique de bonne qualité. Mais comment change-t-on ses habitudes ?

---

1. Nous parlons ici de diabète de type 2, marqué, entre autres, par une alimentation riche en sucres et en graisses mais pauvre en vitamines et en minéraux. Il existe, néanmoins, d'autres types de diabète dont l'origine n'est pas toujours expliquée.

Prenons le cas des plus jeunes, nés après 2005, dont le cerveau est en construction, qui n'ont, surtout, jamais connu la vie non connectée. La rencontre des tout-petits avec le monde numérique s'effectue très tôt, entre 1 et 2 ans. Aux États-Unis, on estime que plus d'un tiers des bébés ont joué avec un écran avant d'apprendre à marcher ou à parler[1]. Avec Digital For The Planet, nous sommes intervenus de nombreuses fois dans les écoles élémentaires, dans des classes allant du CE1 au CE2. Le processus est toujours le même. Avant d'intervenir en classe, nous demandons aux parents d'élèves de remplir un questionnaire qui nous permet d'en savoir plus sur les comportements numériques de leur enfant (le type d'écrans utilisés, les activités numériques favorites, la fréquence et la durée des usages mais aussi la qualité du sommeil, les comportements relationnels, etc.). Les parents sont aussi invités à noter sur une échelle de 1 à 10 l'addiction numérique qu'ils estiment être celle de leur enfant. Nous commençons par expliquer aux élèves la nécessité d'une autorégulation des usages numériques, clé de voute d'un apprentissage numérique vertueux et qui a, nous le verrons ensuite, un impact bénéfique sur l'harmonie de la cellule familiale tout entière. Pour éviter que les outils numériques ne deviennent des objets de conflit ou de craintes au sein du foyer, nous commençons par proposer aux enfants des définitions simples et faciles à retenir, tout en aiguisant leur sens critique. On leur tend parfois des pièges, en leur proposant un exercice qui n'aide pas vraiment à devenir plus « intelligent numériquement », bien au contraire.

---

1. Rapport de la conférence annuelle de la Pediatric Academic Societies, tenue le 25 avril 2015, à San Diego.

Et c'est toujours agréable d'entendre plusieurs enfants dire à l'unisson : « Mais madame, ce que vous proposez n'a pas de sens ! » À l'issue de l'intervention, nous adressons aux élèves un QCM et aux parents un nouveau questionnaire qui porte, cette fois-ci, sur la qualité de la conférence et sur les effets que celle-ci a eus sur les enfants, une fois rentrés à la maison. Les parents notent chaque changement de « comportement numérique » qui survient et interrogent leur enfant sur la raison de ce changement.

D'abord, nous avons réalisé que le taux d'absorption de connaissances des enfants était quasi égal à celui des adultes. Ensuite, que l'impact de nos interventions sur les « comportements numériques » était supérieur de près de 160 % chez les enfants par rapport aux adultes qui assistent à nos conférences. Une mère a remarqué que sa fille jouait moins longtemps avec son smartphone depuis la conférence. Elle lui a donc demandé s'il y avait une raison particulière à ce changement, ce à quoi la fillette a répondu qu'elle préférait jouer moins longtemps, car jouer consomme de la donnée et donc de l'électricité, afin de partager cette énergie avec d'autres enfants qui, eux aussi, aiment jouer en ligne. Un petit garçon a rendu son téléphone à ses parents, précisant avoir supprimé les applications avec lesquelles il ne jouait plus, par souci d'économie d'énergie. Une autre petite fille a expliqué à son père que certains jeux méritaient un désabonnement car, après réflexion, elle ne les trouvait plus si intéressants que ça. Dans l'ensemble, 67 % des parents ont noté un regain d'attrait pour les livres et les jeux manuels de la part de leurs enfants. Près de la moitié ont continué à s'intéresser vivement au numérique, mais de façon plus intellectuelle : sur 173 enfants que nous avons suivis, 113 ont demandé à leurs parents de les inscrire à des cours de codage, dans les trois semaines qui ont suivi l'intervention. En septembre 2020, 59 enfants en suivaient assidûment. Ce que j'apprends à travers nos actions chez Digital For The Planet, c'est qu'on ne change pas ses habitudes parce que quelqu'un nous dit de le faire. On change ses habitudes parce qu'on comprend en quoi il est intéressant de le faire.

2. Deep Blue n'est pas si intelligent

On tombe aveuglément amoureux des technologies numériques sans se soucier un instant de leurs effets nocifs sur nos capacités cognitives, particulièrement parce que nous sommes fascinés – justement – par leur intelligence. Pourtant, depuis plusieurs années, on observe une régression de l'effet Flynn, cette « loi de Moore de l'intelligence » selon laquelle, depuis un siècle, chaque nouvelle génération est supposée dépasser de trois à sept points le QI de ses aînés[1]. Et mauvaise nouvelle : dans les pays européens où Internet a été le plus démocratisé (comme la Grande-Bretagne, la Norvège ou encore le Danemark), l'effet Flynn tend à reculer. En France, on note une régression de quatre points depuis le début des années 2000.

Mais ne paniquons pas : le QI n'est pas le seul indicateur d'intelligence. Rappelons ce que disait Ken Robinson, qui avait pour habitude de demander aux participants d'évaluer leur propre intelligence, lors de

1. En raison du meilleur taux de pénétration de la scolarité, des évolutions de la pédagogie et, sans doute, de l'amélioration de qualité de la nutrition.

ses conférences, en la notant de 1 à 10. Ils répondaient, la plupart du temps, entre 6 et 8. Robinson rétorquait alors que les personnes présentes auraient plutôt dû lui répondre : « Vous ne nous posez pas la bonne question. » Et qu'il aurait été préférable de demander : « De quelle manière êtes-vous intelligent ? » Ken Robinson, se basant sur les travaux de l'intelligence multiple d'Howard Gardner[1], se veut un fervent défenseur de la diversité intellectuelle, nécessaire pour faire face à l'imprédictibilité du futur[2]. Car il existe, à l'évidence, diverses façons de faire preuve d'intelligence ; une diversité qui échappe aux super-machines. L'intelligence artificielle, par exemple, excelle dans l'art de répéter une tâche, perfectionner un processus, l'automatiser et préciser ce qui est de l'ordre de l'infiniment grand. Tout ce que l'humain déteste ou ne sait pas faire, en somme. On oppose souvent la suprématie de l'intelligence artificielle à notre seule intelligence humaine, mais elles ne sont pas comparables. Prenez l'exemple de Deep Blue, le superordinateur battant aux échecs Garry Kasparov, six fois champion du monde, en seulement 19 coups. Cette machine, capable d'évaluer 200 millions de positions potentielles par seconde, a absorbé des centaines de milliers de parties jouées par les plus grands maîtres des échecs, dont Kasparov lui-même[3]. Pour s'astreindre à cet entraînement, il lui a fallu une somme astronomique d'énergie, contrairement à Garry Kasparov. Enfin, la machine n'appliquait

---

1. Howard Gardner est un des pères fondateurs de l'intelligence multiple. Il définit dans ses écrits huit formes d'intelligence humaine ; lire *Frames of Mind*, Basic Books, 1983.

2. Ken Robinson, « Do schools kill creativity ? », TED, 2015.

3. Toujours est-il que Deep Blue perdait face au champion lors de leur première confrontation en 1996.

aucune stratégie, elle jouait au coup par coup : ce qu'elle a *bêtement* appris à faire.

Retenons une chose : les machines ne peuvent dépasser les humains que dans des contextes comparables à celui-ci, c'est-à-dire des systèmes fermés, où il ne s'agit que d'atteindre un but extrêmement précis avec des règles données. Nous, nous pouvons bien plus.

3. Le cerveau fait du développement durable

Les sciences cognitives ne sont pas moins nouvelles que la technologie. Bien que l'on parle de neurosciences cognitives depuis les années 1960-1970, le développement de ces connaissances a sensiblement évolué avec le numérique. L'intelligence est un des derniers mystères à résoudre. Dans l'Antiquité, on pensait que le cœur était le siège de l'intelligence, au centre du corps humain[1]. Et pendant des millénaires, cette thèse, défendue par Aristote, a prédominé le discours[2]. Ce n'est pas un hasard si l'on a développé des expressions comme « apprendre par cœur », « faire à contrecœur », « ça me tient à cœur » ou encore « tu me brises le cœur ! » Toujours est-il que pour l'heure, on réalise qu'on ne sait pas grand-chose sur le cerveau humain. Il est sans doute important de rappeler ici qu'en science, on ne prouve jamais rien. On ne fait que déconstruire, réfuter. Et si une hypothèse scientifique que l'on peut réfuter

1. Pensée que défendait Aristote, en parfaite opposition à Hippocrate qui, lui, disait que les pensées, les sentiments et les émotions étaient contrôlés par le cerveau.

2. On s'appuyait notamment sur le fait que, lors de manifestations d'émotions fortes, le rythme du cœur accélère et peut mener à des tachycardies.

tient l'épreuve du temps, alors on parle d'une théorie. On remet aujourd'hui en cause beaucoup d'a priori sur le cerveau car, avant l'arrivée des technologies informatiques puis numériques, pour ausculter un cerveau, il fallait attendre que quelqu'un meure ou subisse un accident. En fait, tout ce que l'on sait – ou presque – est à revoir. C'est comme si nous venions de créer la caméra et que celle-ci ne disposait que d'un capteur de 0,0001 pixel. En ce sens, il semble que l'étude du cerveau promet des avancées sans commune mesure dans les années à venir.

La spécificité de l'espèce humaine réside dans sa maîtrise du langage et de la communication. Allons un peu plus loin. Deux zones du cerveau sont sollicitées pour structurer le langage : la zone de Broca[1], permettant la production de mots parlés, et l'aire de Wernicke[2], qui, elle, rend possible la compréhension de ces mots.

C'est dans l'aire de Broca que le cerveau humain rassemble plusieurs types d'informations. Il construit, à mesure du temps, des codes de plus en plus complexes pour évaluer ce qu'il entend, ce qu'il voit ou ce à quoi il réfléchit. Jusqu'à l'infini ? En réalité, les recherches mènent à penser que le cerveau « recycle » ses circuits neuronaux. Certains apprentissages, comme la lecture, reposent sur des mécanismes cérébraux anciens qui ont évolué pour un autre usage[3]. Les mécanismes en ques-

1. Du nom du chirurgien français Paul Broca, qui fit la découverte de cette zone dans le cerveau humain en 1861.

2. D'après le neurologue et psychiatre allemand Carl Wernicke. Il évoque la zone cérébrale en question dix ans plus tard, en 1871.

3. Selon Stanislas Dehaene, professeur en sciences cognitives au Collège de France et neurologue. Je vous invite à regarder ses conférences disponibles en ligne.

tion disposent d'une marge suffisante de plasticité qui leur permet de se convertir à un autre usage proche. On appelle cela le « recyclage neuronal ». Un circuit reconverti peut conserver des propriétés intrinsèques héritées de son évolution, le rendant plus ou moins adapté à son nouvel usage[1]. Passionnant ! C'est précisément pour cette raison que plus on sait parler de langues, plus il est aisé d'en apprendre de nouvelles. On peut donc affirmer que le cerveau évolue de manière durable, lui aussi : il recycle ses espaces réutilisables. Pour nous rendre plus intelligents, le cerveau fait littéralement du neuf avec du vieux. Il fait plus, avec la même quantité de ressources.

Ainsi, la logique écologique est une démarche biologiquement présente en nous. Notre potentiel intellectuel est tellement admirable et nous réserve tellement de découvertes qu'il faut à tout prix préserver ce patrimoine génétique. Préserver l'intelligence individuelle permet l'intelligence collective, c'est-à-dire de coopérer tous ensemble.

C'est, à vrai dire, le seul moyen que nous ayons de faire société.

---

1. Psychologie cognitive expérimentale, cours en ligne : « Les mécanismes cérébraux de la lecture » par Stanislas Dehaene, Collège de France, 2006-2007, p. 302-303.

Partie 3

La pollution numérique sociétale

Université Stanford, 2017. Chamath Palihapitiya, un des tout premiers dirigeants de Facebook, confie, lors d'une conférence, ressentir une profonde culpabilité vis-à-vis du monde qu'il a participé à construire : « Les boucles de rétroaction à court terme et dopaminergiques que nous avons créées sont en train de détruire le fonctionnement de la société. [...] Je pense que nous avons créé des outils qui déchirent le tissu social [...] et cela est un problème mondial[1]. » Il évoque aussi un canular portant sur des enlèvements supposés en Inde, devenu viral sur WhatsApp[2] en l'espace de quelques heures, ayant conduit au lynchage de sept personnes innocentes. Ce « microphénomène » est un arbre qui cache la forêt. Les *fake news* sont aujourd'hui monnaie courante

1. Bill Snyder, « Chamath Palihapitiya: why failing fast fails, the social capital CEO explains where Silicon Valley gets it wrong », *Stanford Business Review*, décembre 2017.
2. WhatsApp appartient à Facebook.

dans le monde entier, instillées dans le quotidien, entre vérité et virtualité[1].

Car que peut-il arriver de pire au futur ? D'être écrit avec fourvoiement, sur la base de réalités qui n'en sont pas.

La même année, je discute avec des lycéens d'Île-de-France de leur rapport au numérique, à la démocratie et à la société. Naturellement, ils abordent des sujets graves, mais qui font partie de leur quotidien : la haine et le harcèlement en ligne, la protection de la vie privée ou encore la manipulation via les algorithmes. Comment Internet peut-il progressivement mener à se désocialiser, aussi bien au travail que dans le cercle familial ? Cette question accaparant rapidement mon attention, elle m'a menée à théoriser l'idée de la pollution numérique sociétale, c'est-à-dire tout phénomène érodant le projet de société, de progrès et de bien commun.

Ce projet se trouve pris en étau entre deux mouvements : ce que j'appelle la « reprogrammation sociale » (ou comment nos rapports sociaux se modifient) et le dilemme multiple de la donnée, c'est-à-dire les risques que nous encourons en partageant nos données personnelles, mais aussi les injustices financières que nous subissons quand nous le faisons. Si j'ai tenu à faire une place à la pollution sociétale dans le sujet global des pollutions numériques, c'est parce qu'il est peu utile d'endiguer les effets du numérique sur l'environnement

1. Les Français sont 74 % à considérer avoir déjà été exposés à des *fake news*. Ils souhaitent à 86 % que la récente loi anti-*fake news*, limitée aux périodes d'élections, soit étendue à d'autres domaines, comme l'économie, l'immigration, l'alimentation, l'environnement ou le climat (« L'e-réputation des entreprises », étude Ifop pour Havas Paris, 2019).

ou de garantir l'intégrité de l'intelligence humaine si nous fendons l'armure qui fait de notre société ce qu'elle est : le vivre-ensemble et le droit à une vie agréable accordé à tous.

Chapitre 1

La reprogrammation sociale

Désocialisation, uniformisation des goûts, promotion de la haine et rejet de l'autre : à première vue, ces phénomènes apparaissent comme des feux qui partent d'un peu partout de manière autonome. Mais en y regardant de plus près, je me suis aperçue qu'il s'agissait en fait d'une suite logique qui mène consciencieusement à une érosion des fondements de notre société. En trois étapes, on reprogramme la société, comme on réinitialise les paramètres d'un ordinateur. Cette reprogrammation sociale marque le début de la pollution numérique sociétale. Entrons dans le détail.

1. L'isolement social

On est tout seul, tous ensemble

« *Internet connects people at long distance and disconnects them at short distance*[1]. » Sous l'Antiquité, Héraclite disait déjà que l'homme est séparé de ce qui lui est le plus proche. Nous avons vu, en évoquant

1. « Internet rapproche les gens quand ils sont loin, et les éloigne quand ils sont proches ». Lu sur mon fil Instagram.

l'illectronisme, que le numérique pouvait être un puissant moteur lorsqu'il s'agit d'inclusion. Durant le confinement, au printemps 2020, les outils numériques ont permis aux citoyens du monde de rester ensemble, soudés. Les membres d'une même famille, y compris les plus isolés comme les personnes âgées, ont pu rester en contact. De nombreux projets de solidarité et d'entraide voient le jour quotidiennement grâce aux plateformes numériques. C'est quand le numérique vient combler une brèche qu'il fait des merveilles. C'est quand il n'y a rien à réparer qu'il peut devenir nocif[1]. Car le reste du temps, Internet nous donne cette impression fabuleuse d'être ensemble. Mais en réalité, embués dans une absorbation d'informations constante et hypnotisés par nos écrans, on s'isole plus qu'autre chose : on devient des « isolés connectés ».

La notion même de « solitude » se transforme. Avant l'arrivée du numérique dans nos vies, lorsque l'on était seul, on l'était réellement. Partir trois mois tout seul explorer l'Asie nécessitait de se couper réellement de ses proches, de son travail, de sa vie tout entière. Ce n'était qu'au retour de son voyage que l'on pouvait partager photos, émotions et souvenirs avec ses proches. À l'ère des réseaux sociaux, on ne part plus jamais tout à fait seul. On est à la fois au bout du monde et connecté à son milieu de départ. Le simple fait de savoir que d'autres attendent des nouvelles de notre voyage en temps réel induit un comportement différent de notre part : on construit alors un avatar numérique, caractérisé par un comportement, une attitude, un emploi du temps à tenir

1. Je prends cet exemple : prendre de la morphine quand on a une douleur profonde apaise. Administrez-vous-en sans raison et sans mesure, vous deviendrez très probablement dépendant et malade.

que l'on aurait peut-être défini différemment si nous ne devions pas être socialement validés en temps réel.

C'est en partie pour cette raison que je parle d'isolement et non de solitude : à l'heure du numérique, c'est l'apparente absence de solitude qui induit l'isolement. Combien d'entre nous ont des « amis » avec lesquels ils discutent, échangent et partagent, via les réseaux sociaux, sans les avoir jamais rencontrés en vrai ? Je fais partie de ces gens-là. Des études montrent d'ailleurs notre tendance à parler de sujets personnels plus facilement à des amis virtuels, dont on sait finalement peu de choses, plutôt qu'à ses proches. On se sent entouré et, pendant ce temps, l'isolement social réel avance silencieusement. C'est comme si on était tout seul tous ensemble.

Ce phénomène s'observe aussi au sein de la cellule familiale, où les rapports se désincarnent au profit des écrans. Si, on l'a vu, il est de moins en moins rare que les enfants développent des dépendances aux écrans, il arrive que leurs parents y soient tout autant accros. Lorsque j'interviens dans les écoles, les enfants parlent du temps passé par leurs parents sur les écrans et, par conséquent, de leur difficulté à attirer leur attention. Moi-même, je ressens parfois dans le regard de mon tout jeune fils sa préoccupation quant à l'attention que je porte à mon smartphone lorsqu'il est dans mes mains. De nombreux enfants témoignent qu'une fois les yeux rivés sur leur smartphone, leurs parents ne sont plus totalement présents, les écoutent à moitié et que, de fait, ils se sentent soudainement moins importants que des mails à traiter, un fil Facebook à rafraîchir ou une partie de *Candy Crush* à terminer : « Ma maman est comme un robot, elle n'entend pas tout ce que je lui dis et elle ne réagit pas pareil quand elle regarde son téléphone. » Ils vivent ces situations comme l'arrivée d'un nouveau membre dans la famille, un concurrent. Le phénomène est assez important pour que le journal pour enfants *Astrapi* en ait fait le sujet d'un de ses numéros en 2015, mettant en scène une petite fille dépitée, reprochant à sa mère d'avoir constamment les yeux rivés sur son téléphone plutôt que de s'intéresser à ce qu'elle fait[1]. L'air de rien, l'isolement est la première étape de la reprogrammation sociale. Voyons les suivantes.

Du tactile à l'absence du toucher

La pandémie de Covid-19 a, quant à elle, institué des gestes barrières, comme le fait de ne plus toucher les autres. Mais en vérité, on n'a pas vraiment attendu le coronavirus pour ne plus se toucher. On ne touche guère que nos écrans depuis un bon moment déjà[2]. Les baisers perdent de leur panache : on leur préfère les emojis à la bouche en cul de poule pour dire « je t'aime » à notre place. Via nos comportements numériques, nous exacerbons le phénomène d'« hygiénisme social[3] ». Dans les années 1990, déjà, l'haptophobie (phobie de toucher ou d'être touché) gagnait du terrain, menaçant ainsi le sida et, avec lui, la croyance qu'il se répandait par simple contact. Aujourd'hui, c'est encore différent : nous n'avons pas nécessairement peur d'être touchés, nous n'en ressentons simplement moins

1. « Ma mère est accro au portable », *Astrapi*, nº 834, 15 mars 2015.

2. Une étude réalisée par Dscout aux États-Unis indique qu'en 2016 on touchait en moyenne 2 617 fois notre smartphone. Peu de temps après, Apple confirmait que ses utilisateurs déverrouillent leur smartphone en moyenne 80 fois par jour, soit 6 à 7 fois par heure.

3. Lire Ludovic Ténèze, Agnès Pacquelin, Bernard Andrieu, « Enseigner le corps », Économie, population & société, nº 86, 2017.

le besoin. Nos écrans nous dispensent de la proximité : nous ressentons, enlaçons et chérissons virtuellement, et c'est suffisant. À Hefei, en Chine, l'usage est tel que, suite à la crise sanitaire de 2020, plusieurs immeubles ont été équipés d'ascenseurs à boutons holographiques (cela signifie que les boutons des étages sont projetés dans l'air) pour limiter la propagation du coronavirus.

Si les réseaux sociaux, les notifications et particulièrement les *likes* que l'on reçoit libèrent de la dopamine et nous rendent heureux, toucher autrui déclenche aussi la sécrétion d'hormones du bien-être, l'ocytocine et la sérotonine. Ça n'est pas pour rien que le massage reste un des meilleurs remèdes naturels contre le stress. Dans une société parfaitement numérique, le contact physique disparaît comme la banquise dans les pôles. Et cela a toute son importance dans notre reprogrammation sociale.

À quel point le tactile réduit-il le toucher physique entre deux personnes et impacte-t-il la sensation de bien-être ? Lors d'un voyage à Bombay, en 2015, je rencontre la réalisatrice Leena Yadav, qui termine de tourner le film *La Saison des femmes* : l'histoire de villageoises indiennes unies contre le patriarcat. Elle y dénonce la violence masculine qui sévit dans les terres reculées d'Inde. Au détour de notre conversation, je lui demande comment expliquer l'inconséquence des hommes violents. Selon elle, ces hommes en question n'ont pas été suffisamment « touchés ». Pour Leena Yadav, une personne violente est une personne qui n'a pas été suffisamment étreinte par sa famille, ses proches. Connaissant alors la douceur d'une caresse, cette personne prendrait davantage la mesure de l'impact d'un coup porté. Le sens du toucher, premier ressenti à notre venue au monde, est aussi vital que boire et manger : un bébé, humain comme animal, privé de contact physique, ne survit pas. La tendresse, cette notion un peu niaise et oubliée, prend les couleurs d'un légume ancien : ce doit être très bon, mais on ne le consomme plus vraiment de nos jours. On n'en trouve plus en magasin. Pourtant, la littérature scientifique est éloquente sur le sujet. Prenons par exemple les recherches de la psychanalyste Dominique Cupa, qui met en lumière que la tendresse concourt à la préservation de la vie psychique[1]. Ainsi, le toucher est devenu le tactile, le *digital* donc. Il est la chasse gardée des objets connectés, plus des humains. Ce basculement silencieux vers une socialité sans corps est toléré, admis, car vécu collectivement. Or, vivre une chose collectivement rend cette chose normale, et la normalisation rend tout acceptable. Justement, parlons-en.

2. L'uniformisation de ce que l'on aime

Repliés derrière nos écrans, nous devenons des spectateurs de la réalité : nous la contemplons, la commentons et la jugeons. Nous filmons les drames du monde plus que nous les regardons vraiment, plus préoccupés par la question « ai-je bien filmé la scène ? » que par la question « que m'inspire cette scène ? » Rappelons-nous la vidéo virale de Mamoudou Gassama, le Malien sans papiers qui avait escaladé quatre étages en une trentaine de secondes pour sauver un enfant suspendu dans le vide. La scène avait été filmée par des dizaines de passants ébahis et visionnée des millions de fois en

1. Dominique Cupa, Dominique Bourdin, « Tendresse et cruauté », *Revue française de psychanalyse*, vol. 73, 2009/2, p. 551-554.

l'espace de quelques heures. Qu'aurions-nous pensé du comportement des passants qui filmaient si cet homme ainsi que l'enfant étaient tombés, provoquant le pire des scénarios ?

Nous nous hâtons de produire des avis et désapprenons à construire des réflexions : « Pourquoi est-ce que j'aime cela, au juste ? » et « pourquoi je n'aime pas ceci, au fond ? » Nous validons plus facilement un contenu en ligne s'il est déjà largement validé par les autres : ce processus binaire, encouragé par les schémas de comportements numériques, renforce les dynamiques non seulement de polarisation des opinions, mais aussi d'uniformisation. Par exemple, lorsque nous exprimons des émotions avec des emojis, la dynamique de binarité s'exacerbe, car nous réalisons de moins en moins l'effort de produire une phrase complexe.

Amazon, par exemple, souhaite que j'achète seulement sur sa plateforme e-commerce. Pour ce faire, il faut me donner à voir toujours plus de produits qui me plaisent et proposer une expérience client me permettant de fournir le minimum d'efforts (achat en trois clics, mémorisation de ma carte de crédit, livraison le jour même, des algorithmes qui prédisent, à partir de mes achats, ce que j'aurai envie d'acheter dans une semaine, etc.). Mais pour augmenter les rendements, il faut aussi faire plus avec moins, c'est-à-dire qu'il faut vendre la même chose à un maximum de personnes. Pour harmoniser et standardiser les goûts des consommateurs, on subsume des millions de personnes, toutes différentes, sous quelques profils de consommateurs définis, afin de leur vendre, à tous, les mêmes produits ciblés. C'est le principe chez Amazon Books, la chaîne de librairies physiques lancée aux États-Unis : on vend uniquement les livres qui se sont le mieux vendus et les mieux notés sur la plateforme. « Le désir se met toujours en abyme, écrit René Girard : l'homme ne désire que selon le désir de l'Autre[1]. »

Ici, il s'agit simplement de ce que j'aime appeler la « méthode semencière n° 1 » (nous verrons plus tard la n° 2), empruntée aux grandes entreprises semencières qui vendent les graines aux agriculteurs pour qu'ils puissent exploiter leurs terres. Pour augmenter les profits, les semenciers se sont toujours appliqués à casser la biodiversité végétale[2]. En standardisant les semences et en n'autorisant que la vente des graines qui figurent dans le *Catalogue officiel*, les industriels standardisent ainsi l'alimentation de toute l'humanité[3]. Ce qui est vrai dans l'agriculture est vrai dans le numérique : plus les consommateurs s'orientent vers le même produit, plus il est facile d'en réduire les coûts. Et cette uniformisation des goûts a des conséquences sociétales plus profondes qu'il n'y paraît. Quand on se ressemble tous, on prend pour cible tout ce qui, de près ou de loin, ne nous ressemble pas. Pire, on s'en méfie : à l'heure où être tous semblables est une norme, pour quelle raison étrange peut-on être différent ? Car cette méthode semencière n° 1 s'appuie sur des encodages cognitifs anciens : rappelez-vous le principe de l'habit tribal (partie 2) : si on veut être accepté dans une communauté, tâchons de ressembler à ceux qui en font partie.

1. René Girard, *Mensonge romantique et vérité romanesque*, Fayard, 1961.

2. 80 % des variétés potagères ont été radiées, entre 1954 et 2002 seulement, du *Catalogue officiel*.

3. En 2020, les députés ont adopté la loi qui autorise de nouveau la vente de semences paysannes, c'est-à-dire non inscrites dans le Catalogue officiel, aux jardiniers amateurs. C'est l'aboutissement de plusieurs années de combat.

Le besoin d'appartenance à un groupe est puissant, et les géants du numérique le savent bien. Prenez Twitter, il ne se passe pas une journée sans l'explosion d'un nouveau scandale ou l'expression d'une indignation générale. Pourquoi aimons-nous tant nous indigner sur les réseaux sociaux ? Pour Laurent de Sutter, il s'agit d'un mécanisme qui consiste moins à défendre une cause qu'à affirmer sa propre identité via une idée que l'on partage avec d'autres qui nous ressemblent[1]. En d'autres termes, râler nous permet de nous affirmer au sein d'un groupe auquel on souhaite appartenir. Et puisqu'on est là à parler de scandales, passons à la troisième et dernière étape du processus de reprogrammation sociale.

3. Détestons-nous les uns les autres

Comment en arrive-t-on à la haine et à l'effritement d'un socle de valeurs communes ? D'abord, par notre besoin naturel d'attention, renforcé par les mécanismes des médias sociaux. Pour être visible, la violence paye parfois mieux que l'altruisme. Dans certains pays d'Afrique, on dit que *l'arbre qui tombe fait plus de bruit que la forêt qui pousse*. Une corrélation existe entre réseaux sociaux et narcissisme, caractérisée par le besoin constant d'être au centre de l'attention, quitte à publier des propos choquants, inappropriés, inutiles ou belliqueux[2], une manière certaine de ne pas être ignoré[3]. Dans ce cas précis, le

1. Laurent de Sutter, *Indignation totale*, Éditions de l'Observatoire, 2019.
2. Christopher Carpenter, « Facebook's dark side topic of study », mars 2012.
3. Christine Rosen, « Virtual friendship and the new narcissism », *The New Atlantis*, n° 17, été 2007, p. 15-31.

sentiment d'impunité grandit à mesure du temps passé en ligne : on devient alors de moins en moins courtois dans ses échanges et on recourt à des analyses toujours plus simplistes[1]. Enfin, arrive l'effet communautaire : plus les commentaires de publications sur les réseaux sont agressifs, plus les autres lecteurs et commentateurs affirment des opinions tranchées, voire extrêmes, eu égard au contenu de la publication en question[2].

L'apathie sur les réseaux sociaux est d'autant plus grande qu'il est possible de diluer sa responsabilité personnelle au sein d'un groupe : plus un groupe est grand, plus l'agressivité tend à s'exacerber[3]. C'est pour cette raison que la revue *Popular Science* a annoncé qu'elle supprimait la fonction « commentaires » de son site web[4], le magazine expliquant que les commentaires laissés en ligne, en particulier ceux laissés de manière anonyme, sapent « l'intégrité de la science et mènent à une culture de l'agressivité et de la moquerie, tout cela desservant le discours de fond[5] ». Enfin, ajoutons la distance à ces facteurs d'agressivité : lorsque l'on blesse une personne physiquement, on le voit tout de suite, on peut ressentir de la peine, voire du remords. Derrière un écran, la souffrance d'une victime n'est pas

1. Arthur D. Santana, « Virtuous or vitriolic, the effect of anonymity on civility in online newspaper reader comment boards », *Journalism Practice*, vol. 8, nº 1, 2014, p. 18-33.

2. Ashley A. Anderson, Dominique Brossard, Dietram A. Scheufele, Michael A. Xenos, Peter Ladwig, « The *nasty effect* : online incivility and risk perceptions of emerging technologies », Wiley Online Library, février 2013.

3. Arthur D. Santana, « Virtuous or vitriolic », art. cit.

4. Maria Konnikova, « The psychology of online comments », *New York Times*, octobre 2013.

5. Suzanne LaBarre, « Why we're shutting off our comments », *Popular Science*, septembre 2013.

vue par le harceleur, et c'est ce qui lui permet d'aller toujours plus loin[1].

4. Les femmes et les enfants d'abord

En 2019, plus de la moitié des 18-30 ans ont déjà été victimes de harcèlement ; et 63 % chez les 20-24 ans[2]. Selon l'UNESCO, entre 5 % et 21 % des enfants et adolescents sont victimes de cyberharcèlement dans les pays dits « industrialisés » ; les filles étant plus représentées que les garçons[3]. Là encore, Twitter illustre parfaitement l'essor de l'agressivité[4]. Un copieux rapport rendu par Amnesty International, en 2018, pointe la violence qu'y subissent tout particulièrement les femmes[5]. Les plus représentées restent celles issues de minorités (ethniques, religieuses, sexuelles, liées au handicap, etc.), mais aussi celles dont la profession ou l'engagement expose[6]. Évidemment, je n'ai pas échappé à la règle. J'ai fait du chemin depuis le temps où mon ventre se tordait quand j'entendais une notification tardive sur mon téléphone, de peur d'être à nouveau prise pour cible. Le manque de protection des minorités

1. Anne-Laure Vaineau, « Le cyber-harcèlement entre ados », *Psychologies Magazine*, 2011.

2. « #MoiJeune : étude sur la cyberviolence », enquête Opinion Way pour *20 Minutes*, janvier 2019.

3. « Violence et harcèlement à l'école », rapport sur la situation dans le monde, UNESCO, Plan International, 2018.

4. Daniel Schneidermann, « Twitter et l'économie de l'indignation », *Libération*, février 2016.

5. « Toxic Twitter, a toxic place for women », Amnesty International, 2018.

6. Pauline Verge, « Twitter est une plateforme nocive pour les femmes, d'après Amnesty International », *Le Figaro*, mars 2018.

n'encourage pas les femmes et les communautés considérées comme des cibles à prendre la parole. Autant de raisons pour lesquelles Jon Ronson, auteur de l'enquête La Honte !, qualifie Twitter de « pilori 2.0 ».

Dans un dossier du *Point*, Tristan Mendès France explique même que pour attaquer un homme, il y a fort à parier que les agresseurs tenteront de s'en prendre à sa compagne[1]. J'appelle cela la « méthode hipparquienne », car en fait, elle n'est en rien nouvelle : Hipparque, fils et successeur du tyran Pisistrate, humilie publiquement une jeune femme, Ismène, pour se venger du frère de celle-ci, Harmodios, après que ce dernier a repoussé ses avances[2]. Les réseaux sociaux pullulent de « trolls »[3], ces néo-tyrans qui dictent leurs vérités, critiquent celles des autres, humilient et harcèlent en ligne ceux qui sortent du cadre de pensée établi, taclant aussi bien Emmanuel Macron que Dora l'exploratrice. Aux débuts d'Internet, on les appelait les *Net Weenies*, les « imbéciles du Net »[4]. Selon Jon Ronson, les « trolls » adoptent tous un mode opératoire similaire, consistant en plusieurs étapes. D'abord, le dénigrement sur la place publique (Twitter étant une véritable agora), puis la

---

1. Louis Chahuneau, « Cyberharcèlement #1 : comment il détruit des vies ? », *Le Point*, décembre 2017.

2. Hipparque insulte publiquement l'honneur d'Ismène, la sœur d'Harmodios. Ce dernier et son amant, Aristogiton, se vengent d'Hipparque en l'assassinant. Lire Claire Jacqmin, « La femme entre le tyran et la cité : réflexions sur le rôle de la femme dans les régimes tyranniques », *Kentron*, n° 21, « La démesure (1) », 2005.

3. Outre son hypothétique origine scandinave faisant référence aux petits hommes, « *troll* » vient du vieux français « trôler », désignant une technique de pêche qui consiste à laisser traîner des leurres pour attirer les poissons les plus naïfs.

4. Yacha Hajzler, « D'où vient l'expression *troll* sur Internet ? », *Libération*, 17 juillet 2017.

diffamation (passant par la publication d'informations fausses sur la personne visée). Aujourd'hui, il est désormais possible de faire dire à une personne des choses qu'elle n'a jamais dites : il suffit, pour cela, de poser un dialogue sur la voix de quelqu'un d'autre, comme des propos racistes ou antisémites. Le tribunal inquisitoire public Twitter fera le reste pour anéantir cette personne. Si la personne harcelée ne cède pas, le troll passe à la diffusion d'images (souvent des photomontages, des « mèmes », etc.) compromettant et humiliant la victime. Cela peut aller plus loin encore, avec une pratique que l'on nomme le « *doxing* », consistant à révéler des données privées. Puis viennent l'appel au meurtre ou l'incitation au suicide. Et en tout dernier lieu : le passage à l'acte, c'est-à-dire l'agression physique. La technique du trolling, qui a prouvé son efficacité, a pu être utilisée à des fins politiques et mise au service de la propagande dans de nombreux pays. C'est le cas de la Russie, par exemple, où l'on n'hésite pas à harceler l'adversaire politique et ses sympathisants, à diffuser des contre-vérités, à faire douter en désinformant et à intimider par des remarques agressives ou racistes[1].

Internet apparaît comme une terre laissée pour compte, où personne n'est à l'abri, bien qu'une loi ait récemment vu le jour en France[2]. Pour éviter de se retrouver sous le clavier haineux des trolls, beaucoup d'entre nous limitent l'expression de leurs opinions pour ne pas être pris pour cible, ce qui laisse le champ libre aux pensées extrêmes, qui, elles, ne se censurent jamais. Pour paraphraser Pierre Mauroy, faites fuir les dégoûtés, il ne

1. Lire l'excellent *La Communication politique*, sous la direction d'Arnaud Mercier, CNRS Éditions, 2017.

2. La loi visant à lutter contre les contenus haineux sur Internet a été publiée le 24 juin 2020.

restera que les dégoûtants[1]. La prime est à la radicalité et au rapport de force. Lorsque Matteo Salvini, sénateur et ex-vice-président du Conseil des ministres italien, lance un tweet raciste et xénophobe et qu'il s'en prend aux réfugiés, il est salué pour son franc-parler et son courage, tandis que lorsqu'on appelle à la morale et au bon sens, on est moqué, porté en dérision et décrédibilisé. Appeler au calme et à l'ordre dans un fil Twitter déchaîné devient ringard et dangereux : on risque de s'attirer les foudres. En même temps, nous vivons une époque formidable où même les hommes les plus puissants du monde, comme Donald Trump, attaquent, menacent et insultent quotidiennement, sur Twitter, hommes, femmes et minorités.

Mais les réseaux sociaux produisent aussi des choses très belles. Kevin est diagnostiqué autiste à 18 mois. Il vit à Grenoble, dans l'Isère. Ayant peu d'amis, il est rarement invité aux fêtes d'anniversaire. En août 2017, il s'apprête à fêter ses 11 ans et, comme chaque année, il n'attend personne. Son père lance alors un appel sur Twitter, espérant recevoir « quelques cartes de vœux » pour son fils : ce seront des milliers de lettres, de messages et de cadeaux du monde entier que Kevin recevra. Cette histoire a le chic de me saisir au cœur à chaque fois que je la raconte. Évoquons aussi celle de Duane Sherman, ce vétéran américain veuf qui, pour son 96e anniversaire, n'avait plus aucun ami, car tous disparus. Sa fille confie sa solitude sur Facebook, évoquant, au passage, qu'il a combattu lors de la Seconde Guerre mondiale, sans imaginer que son père recevrait plus de 50 000 courriers. C'est cet Internet-là qui me pousse au quotidien à poursuivre nos actions.

---

1. La citation exacte est « Quand les dégoûtés seront partis, il ne restera que les dégoûtants. » À savoir qu'a priori, cette dernière a été aussi attribuée à Paul Vanden Boeynants.

Chapitre 2

Un océan de données

1. Les enfants ont-ils une vie privée ?

Nous maîtrisons tous l'art de dissimuler et divulguer des informations de manière sélective au quotidien. Mais les enfants, eux, ne choisissent pas toujours pour eux-mêmes. Février 2015. Instagram et d'autres réseaux sociaux voient apparaître des centaines de milliers de photos d'enfants du monde entier durant le « Motherhood Challenge », initiative consistant à montrer qu'on est fière d'être maman en publiant des photos de ses enfants et en invitant dix amies à en faire autant. Rapidement, la gendarmerie nationale française met en garde sur son compte Twitter : « Préservez l'image de vos enfants ! Leur exposition n'est pas sans danger. »

Nous, parents, ne sommes initiés à aucune règle en matière de protection de la vie privée de nos enfants, mais nous en restons néanmoins responsables. Le *sharenting*[1], qui consiste à montrer ses enfants sur les plateformes sociales, va du partage occasionnel de photos d'anniversaire (peu dommageable) à l'exposition obsessionnelle de ses enfants sur les réseaux. Le plus

1. *Sharenting* est un néologisme anglo-saxon associant *sharing* (partage) et *parenting* (parents).

souvent, les parents n'y voient aucun mal. Or, c'est là que le bât blesse : exposer ses enfants sur Internet pose au moins quatre problèmes.

D'abord, celui d'attirer les prédateurs sexuels, qui chassent de plus en plus sur les réseaux sociaux (un problème de fond pour la gendarmerie nationale, ce qui explique qu'elle a été la première à donner l'alerte au moment du challenge). La même année, en 2015, la pédopornographie sur Internet battait tous les records. Le nombre de contenus pédopornographiques retirés de la Toile avait doublé par rapport à 2014[1].

Ensuite, la question de l'identité numérique des enfants et de l'indélébilité du contenu en ligne. Un quart des enfants nés en 2015 possèdent déjà une « identité numérique ». Selon la Commission britannique de protection de l'enfance, les parents auront posté, en moyenne, 1 300 photos et vidéos de leur enfant sur les médias sociaux quand celui-ci atteindra ses 13 ans. Or, ces données personnelles peuvent devenir compromettantes quand elles sont trop peu protégées ou quand leur contenu laisse à désirer. Sans s'en apercevoir, les parents leur constituent parfois un casier numérique[2]. Le terme est bien choisi, car il est probable que la publication de photographies et de vidéo de leur progéniture soit vécue comme un handicap dans sa vie future et il y a fort à parier que la reconnaissance faciale, à l'aide d'une appli, qui ne manquera pas de faire un carton, permettra dans quelques années de retrouver des photos anciennes même quand l'identité de l'enfant

1. « Lutte contre le terrorisme et la pédopornographie : blocage des sites internet », ministère de l'Intérieur, 4 février 2015.

2. « Should you post pics of your kids? insights from our age of consent survey », McAfee, 2018 ; « Who knows what about me ? », Infographics, Children's Commissioner, 2018.

n'était pas dévoilée. Lors des ateliers parents-enfants que nous animons sur le sujet, il arrive que des enfants admettent devant leurs parents qu'ils ne sont, en fait, pas toujours à l'aise avec leur exposition en ligne. Les enfants, je le réalise, sont loin d'être dupes.

Ainsi, la loi Informatique et libertés, qui porte sur le droit à l'image, prévoit que les parents se doivent de protéger l'image de leur enfant. Lorsque le couple est séparé, ces derniers sont tenus de se consulter et de se demander mutuellement le droit de publier une photographie de leur fils ou de leur fille. Si l'accord n'est pas respecté, l'un et l'autre peuvent se poursuivre en justice. Les mœurs évoluent…

Un autre risque à venir est de voir des conflits émerger entre parents et enfants, quand ces derniers auront grandi. Un cadre légal est d'ores et déjà prévu : il sera possible, d'ici quelques années, pour les enfants qui se sentiront victimes d'atteinte à leur vie privée par leurs propres parents, d'exiger des dommages et intérêts. La loi est éloquente : lorsque l'on diffuse, capte ou transmet à la sphère publique sans le consentement de la personne l'intimité de sa vie privée, jusqu'à un an d'emprisonnement et 45 000 euros d'amende sont encourus[1]. Cela paraît extrême, évidemment, mais le fait est que cette réalité existe déjà. En Autriche, une jeune femme de 18 ans a conduit ses parents devant les tribunaux après qu'elle leur a demandé en vain de retirer des clichés la représentant bébé, sur les toilettes ou allongée nue dans son lit à barreaux, postés dès 2009[2].

1. Code pénal, art. 226-1, ordonnance n° 2000-916 du 19 septembre 2000 ; art. 3 (V) *JORF*, 22 septembre 2000 en vigueur le 1er janvier 2002.

2. Valentin Pasquier, « Facebook, les photos de vos enfants et ce que dit la loi », *Télérama*, septembre 2016.

En France, s'il y a ouvertement une volonté de nuire, la responsabilité des parents est mise en cause et cela relève du droit pénal. Si cette jeune femme était en France, elle pourrait faire valoir son droit au déréférencement en vertu de l'article 9 du Code pénal, puisque les photos ont été postées à son insu et qu'elle n'était pas en mesure d'exprimer son refus en raison de son âge. C'est aussi ce qui est prévu depuis 2016, par le règlement général sur la protection des données personnelles (RGPD)[1].

Enfin, et pas des moindres, le risque de faire de nos enfants les cibles des campagnes politiques et des publicités commerciales. Plus on dissémine des informations sur nos enfants, plus leurs profils de votants et de clients se précisent et deviennent facilement manipulables (nous y reviendrons). Sans surprise, les jeunes filles restent plus exposées aux risques liés à leur vie privée en ligne, d'autant qu'elles partagent davantage de photos d'elles-mêmes que les garçons[2].

Les frontières de l'intime se brouillant, il devient difficile de savoir ce qui est juste, ce qui devrait interpeller et ce qui ne le devrait pas. C'est vrai au fond, quel mal y a-t-il à publier des photos de ceux qu'on chérit le plus ? Il revient à chacun de définir son juste milieu. Dans notre famille, nous avons fait le choix de ne pas créer d'identité numérique à notre enfant, et de lui laisser la liberté d'en avoir une ou non plus

1. Règlement (UE) 2016/679 du Parlement européen et du Conseil du 27 avril 2016, relatif à la protection des personnes physiques à l'égard du traitement des données à caractère personnel et à la libre circulation de ces données, et abrogeant la directive 95/46/CE (règlement général sur la protection des données).

2. « Socialisation adolescente et usages du numérique », rapport d'étude, INJEP, juin 2017.

tard. Il nous arrive, comme tout le monde, de partager des beaux moments en ligne, mais nous tâchons de préserver au maximum sa vie privée. Un jour, il sera en âge de discuter du sujet : l'âge de la « maturité numérique ». C'est à ce moment-là qu'on le préparera à son « indépendance numérique », ce moment où il sera capable de faire des choix autonomes et responsables quant à son activité sur Internet. Comme la conduite d'une voiture, Internet est une question d'apprentissage et de pratique accompagnée. Et de fait, comment faire comprendre à mon enfant les dangers de la surexposition sur Internet si je l'ai surexposé depuis son plus jeune âge ? Ceci étant, personne n'a donné de mode d'emploi aux parents quand on leur a mis les réseaux sociaux dans les mains. Et la technologie évoluant plus vite que la loi, les parents doivent anticiper seuls les dangers qui existeront demain sans pouvoir les soupçonner aujourd'hui. De leur côté, les entreprises numériques n'ont aucun intérêt à ce que les internautes régulent leur contenu en ligne et protègent leur vie privée.

Peu après le « Motherhood Challenge », Jay Parikh, un autre décideur de Facebook de l'époque, évoquait la mise en place prochaine d'un message permettant d'alerter les parents quand ceux-ci publient des photos d'enfants sur un profil public, afin d'en rappeler les risques. On attend toujours.

2. La réputation avant la personnalité

Que ferions-nous, dans la vie réelle, si nous apprenions que quelqu'un nous observe ? Nous adapterions notre comportement : c'est l'effet Hawthorne[1]. Sur les plateformes sociales, nous sentant observés et jugés, nous donnons à voir ce qui est socialement acceptable tout en censurant ce qui est moins conventionnel. Il en va du contenu visuel jusqu'à l'expression de nos opinions. Je réalise, dans mes observations, que même publier plus fréquemment peut devenir une injonction : il ne faudrait pas qu'on croie que je ne vis rien !

Je me souviens du jour où je me suis surprise à écrire un tweet dans lequel je jouais littéralement la caricature de moi-même : j'émoussais les angles rugueux de ma pensée tout en tâchant d'exprimer ce qui mettrait tout le monde d'accord. Il m'est arrivé de me sentir obligée de m'exprimer sur certains sujets seulement parce que tout le monde le faisait et, de fait, j'avais l'impression qu'on attendait cela de moi aussi. Ce que j'appelle les « publications de convenance ».

Étant particulièrement active sur les réseaux sociaux, je veille à ne pas tomber dans ce travers et à exprimer ce que je suis. Mais le *suis*-je vraiment ? Prendrais-je délibérément le risque d'exprimer en ligne une opinion qui s'écarte de ce que l'on attend de moi ? Une fois que je suis connectée, ma personnalité s'estompe car ma vie privée est subrepticement devenue... ma réputation. Nous sommes justement entrés dans « l'ère de l'économie de la réputation[2] », où chaque vie est soumise à une évaluation, que le jugement vienne de nos proches ou des autres, comme de nos employeurs. Si

1. En psychologie, l'effet Hawthorne décrit la situation dans laquelle les résultats d'une expérience ne sont pas dus aux facteurs expérimentaux, mais au fait que les sujets ont conscience de participer à une expérience dans laquelle ils sont observés.

2. Expression forgée par l'auteur néerlandais Tijmen Schep.

nos personnalités s'estompent, nous prenons le risque de devenir mornes, au langage et l'apparence aseptisés : « Tout comme le pétrole conduit au réchauffement climatique, écrit l'auteur Tijmen Schep, les données conduisent au refroidissement social[1]. »

Nous sommes nombreux à ne pas nous inquiéter de dévoiler nos informations personnelles en ligne, et ce pour deux raisons majeures : d'abord, tout le monde le fait (ce qui normalise la pratique), ensuite nous estimons que nous n'avons rien à cacher. Or, protéger sa vie privée permet d'échapper à la culture du conformisme et donc, de rester soi-même. C'est d'autre part s'autoriser à rêver, se laisser guider par ses propres choix ou encore s'autoriser à dire des bêtises, à faire des erreurs, revenir dessus ou non, sans pour autant garder une étiquette à vie.

En négligeant les raisons pour lesquelles la protection de la vie privée est essentielle, nous glissons dans une culture numérique dangereuse où « tout dire est normal » et, donc, « cacher est suspect ». Avoir des secrets ou tout du moins garder pour soi une part de sa vie, participe de la construction de la singularité, c'est-à-dire la capacité à être différent des autres. Sans vie privée, aucune raison de s'intéresser à autrui, d'aller à sa rencontre puisque nous savons déjà tout à son sujet. Protéger sa vie privée, c'est préserver le pouvoir d'émerveillement d'une rencontre. En exposant toujours plus nos vies, nous brûlons, parcelle par parcelle, les terres de l'intime et l'intérêt que nous portons à l'autre.

Notre rapport à la protection des données est paradoxal : 92 % des Français sont préoccupés par la

1. Voir le site web de Tijmen Schep, socialcooling.com.

protection de leurs données[1]. Au demeurant, ils ont aussi conscience de leur négligence et concèdent qu'ils ne prennent que peu de dispositions. C'est comme se méfier des cambriolages et laisser sa porte ouverte. Malgré le règlement général sur la protection des données (RGPD), force est de reconnaître que protéger ses données personnelles reste laborieux, chronophage et, malgré les récentes propositions de la CNIL, encore souvent impossible[2].

Si nos vies sont des îlots et Internet un océan, il semble essentiel de préserver cette plage, toujours plus

1. Selon le sondage OpinionWay publié en juillet 2019, « Les Français et les scandales liés aux données personnelles », 92 % des Français sont plutôt ou tout à fait d'accord pour considérer qu'elles sont précieuses. 93 % estiment qu'elles devraient être davantage protégées et 90 % qu'elles sont convoitées par les géants d'Internet.

2. Le RGPD a le mérite de permettre l'obligation d'effectuer une analyse d'impact, le droit à la portabilité des données ou encore d'importantes sanctions financières pour les entreprises qui ne s'y conforment pas. Mais la pierre angulaire d'un système qui serait véritablement démocratique reste fragile : le consentement. Concrètement, il n'impose pas aux entreprises de ne pas accéder aux données d'un internaute, mais de le prévenir que cela sera fait via la bannière qui s'affiche en accédant à un site web. La plupart d'entre nous cliquent, par lassitude ou par manque de temps, sans vraiment consulter les politiques de respect de la vie privée qui, de toute façon, restent incompréhensibles pour qui n'est pas spécialiste. Rien encore à Bruxelles sur le droit de regard et le libre accès à ses propres données. La bonne nouvelle, c'est que ce texte, moqué jusqu'à son entrée en vigueur, a fait des émules, comme le CCPA (California Consumer Privacy Act) en Californie, la LGPD (Lei Geral de Proteção de Dados) au Brésil ou encore le Profeco au Mexique. D'autres pourraient suivre sous peu : l'Argentine, le Chili, l'Australie, la Corée du Sud, Singapour ou encore l'Inde. La Chine, elle, reste ferme dans l'ingérence qu'elle impose dans le traitement des données. L'Europe est la locomotive, espérons que ce ne soit que le début. De nombreux chantiers restent en cours, comme la protection de la vie privée dans l'Internet des objets ou encore la non-transparence des algorithmes toujours opaques.

petite, où l'intimité qui y règne risque d'être submergée[1]. Plus que ça, l'intimité devrait pouvoir nager sans crainte dans l'océan, parce que ceux qui nous gouvernent la protègent. La vie privée, ça n'est pas juste des choses qu'on se fiche de révéler ou non. C'est le dernier rempart du projet de société.

3. Quand la donnée nous surveille

Fait n° 1 : quand nous rencontrons une personne pour la première fois, nous cherchons dès les premières secondes, consciemment ou non, à mesurer son degré de bienveillance et son niveau de pouvoir. C'est biologique, directement lié à notre instinct de survie hérité de nos ancêtres. En conséquence, nous observons indispensablement les autres. Fait n° 2 : au contact des autres, nous parlons de nous. Parler de soi, c'est prendre sa place dans la société, c'est *être* au monde. Dans le quotidien, nous passons 30 à 40 % de notre temps de parole à évoquer nos expériences personnelles. Ce faisant, le système mésolimbique (une zone connue pour s'activer pendant les rapports sexuels) entre en action[2]. Ainsi, parler de nous, c'est aussi une façon de se faire plaisir. Les géants du numérique basent leur modèle économique sur ces deux faits.

Qu'est-ce qu'une donnée personnelle ? Ça n'est autre qu'une information de notre histoire personnelle (date de naissance, adresse, photo, orientation sexuelle ou politique, numéro de carte de crédit ou encore un

1. Inspiré par le livre *Islands of Privacy* de la sociologue canadienne Christena Nippert-Eng.

2. Diana I. Tamir et Jason P. Mitchell, « Disclosing information about the self is intrinsically rewarding », *PNAS*, vol. 109, n° 21, mai 2012.

simple *like* attribué à une publication)[1]. Dans mon quotidien, je rencontre un grand nombre de personnes ne comprenant pas en quoi leurs données ont de la valeur. Tout comme l'or au temps de la découverte de l'Amérique par les Espagnols : les indigènes ignoraient parfaitement que l'or avait de la valeur. S'ils en avaient eu conscience, l'histoire des États-Unis et du monde serait complètement différente aujourd'hui.

« Si vous déclarez que vous n'êtes pas résident fiscal en France et que vous postez à longueur d'année sur Instagram des photos prises en France, n'y a-t-il pas un problème ? » déclarait le ministre de l'Action et des Comptes publics au *Figaro* à l'annonce de la mise en place du dispositif de surveillance des réseaux sociaux pour lutter contre la fraude fiscale[2]. L'article 154 de la loi de finances 2020 autorise l'usage de l'intelligence artificielle pour massivement collecter et traiter les données personnelles rendues publiques par les contribuables sur les réseaux sociaux et plateformes de mise en relation comme Leboncoin, BlaBlaCar ou Airbnb.

On pourrait répondre à la question posée par le ministre de cette façon : « Oui, il se peut que je fraude l'administration fiscale, mais peut-être suis-je souvent en France pour des raisons familiales sans pour autant y vivre. » En vérité, peu importe. Les algorithmes

1. Dans le RGPD, on trouve cette définition de la donnée : « Les données personnelles désignent toute information permettant de rendre une personne identifiable. Il peut s'agir d'un nom, d'un numéro d'identification, de données de localisation, d'un identifiant en ligne, ou d'un ou plusieurs éléments spécifiques propres à l'identité d'une personne. »

2. « L'intelligence artificielle est un outil pour mieux orienter les contrôles », entretien avec Gérald Darmanin, par Guillaume Guichard et Marc Landré, *Le Figaro*, novembre 2019.

trancheront. Selon Bercy, l'idée n'est pas de contrôler les contribuables, mais simplement les personnes à contrôler. Mais comment ces personnes à contrôler sont-elles sélectionnées ? L'administration fiscale déclare prélever de manière aléatoire les données personnelles accessibles – c'est-à-dire publiques – sur les réseaux sociaux, mais ne déterminera que plus tard si elles permettent de lutter contre une fraude. L'algorithme déclenchera un contrôle fiscal s'il y a un doute[1]. En somme, tout internaute avec du contenu visible est un fraudeur potentiel. Cette loi, qui prévoit aussi la collecte de données à caractère sensible (comme l'orientation sexuelle, politique ou encore religieuse)[2], pourrait ouvrir la porte à de nombreuses dérives. Alors on pourrait penser que cette loi est une entrave à la vie privée. Pas vraiment. Pas si, justement, la vie privée disparaît de nos usages, de notre culture… Oui, les lois s'adaptent, elles aussi, à nos comportements. Ce qui est aussi potentiellement en danger, c'est la liberté d'expression. Rappelez-vous l'effet Hawthorne : on s'autocensure quand on se sait observé.

En France, il est donc venu le temps des algorithmes qui surveillent les citoyens. Mais une fois encore, ça n'est en rien nouveau. En Australie, c'est déjà le cas : les caméras routières fixes et mobiles déterminent si vous êtes en train de passer un appel avec votre smartphone ou si vous changez de musique, moyennant une amende pouvant atteindre 500 euros et 5 points de retrait sur le

1. Projet de loi de finances 2020 : publication de l'avis de la CNIL sur l'expérimentation permettant la collecte de données sur les plateformes en ligne, 30 septembre 2019.

2. Les données sensibles peuvent être conservées jusqu'à cinq jours ouvrés par l'administration fiscale et les douanes, contre un an pour les autres données collectées en ligne.

permis de conduire[1]. En Chine, le scénario de *1984* est bel et bien réel. Toute la vie des Chinois se concentre sur WeChat (l'application de messagerie instantanée, servant également de plateforme de paiement et de réseau social), et tout ce qui s'y trouve fait l'objet d'un contrôle centralisé. Dans l'empire du Milieu, il est déjà possible d'identifier n'importe qui, n'importe quand et n'importe où en trois secondes[2]. Le gouvernement chinois s'est équipé de caméras à reconnaissance faciale : pas moins de 300 millions de ces yeux numériques quadrillent déjà le pays. On en comptera un milliard en 2021. Depuis 2019, un système de « dégradation du crédit social » des citoyens est mis en place : une sorte de *Black Mirror* dans la vie réelle[3]. Occuper deux sièges alors que l'on est seul, manger dans le métro... avoir un mauvais comportement dévalue la note attribuée à chaque citoyen. Une note trop basse peut engendrer son bannissement social, mais aussi celui de sa famille, comme lui empêcher l'accès au train et aux avions, ou encore interdire à ses enfants de s'inscrire à l'université[4]. Non loin, le Japon est aussi séduit par l'idée de

1. Jon Fingas, « Australia rolls out AI cameras to spot drivers using their phones », engadget.com, décembre 2019.

2. Simon Leplâtre, « En Chine, la reconnaissance faciale envahit le quotidien », *Le Monde*, décembre 2017 ; Olivier Babeau, « Les gens honnêtes n'ont rien à se reprocher : l'argument pernicieux des adeptes de la surveillance », *Le Figaro*, octobre 2019.

3. Marie Turcan, « En Chine, le système de notation à la *Black Mirror* a empêché des millions de trajets en avion et en train », *Numerama*, mai 2018.

4. Le gouvernement chinois a ainsi déclaré, en mai 2018, avoir empêché pas moins de 17,5 millions de « mauvais » citoyens d'acheter des billets d'avion et 5,5 millions d'acheter des billets de train. Voir Liu Xuanzun, « Social credit system must bankrupt discredited people : former official », *Global Times Magazine*, mai 2018.

la surveillance citoyenne : les taxis japonais sont désormais équipés d'un système de reconnaissance faciale analysant le profil des passagers. En fonction de leur âge et de leur sexe, l'écran à disposition leur impose des publicités ciblées durant leur trajet[1]. Revenons en France où les aéroports suivent la tendance : deux compagnies aériennes, dont Air France, imposeront la reconnaissance faciale à l'embarquement des passagers, dès 2021, à l'aéroport d'Orly[2].

Si toutes ces mesures prétendent apporter une amélioration du confort de vie des citoyens, elles remettent dangereusement en cause les libertés fondamentales. On fronce les sourcils, mais pourtant, on laisse faire. Pourquoi ?

Dans *Mémoires vives*, Edward Snowden explique qu'affirmer que « la surveillance n'est pas utilisée contre les citoyens normaux » revient à dire, en pointant une arme sur la tête de quelqu'un, « je te promets que je ne tirerai pas ». Les dangers de ces types de profilage sont multiples. Ils permettent, entre autres, la catégorisation des utilisateurs ; une immense porte ouverte vers la discrimination. De la même manière qu'une banque pourrait refuser un prêt pour soupçon de divorce, une assurance pourrait décider de ne pas assurer une personne si son profil est analysé comme étant « à risque ». Encore une fois, de quel progrès parle-t-on si la dernière roue du carrosse est le citoyen ?

J'ai grandi avec le progrès numérique. Le temps où Internet n'existait pas remonte à avant mes 10 ans et aujourd'hui, je ne saurai plus m'en passer. Mais cela ne m'empêche pas d'en faire la critique et de demander mieux.

1. Sophie Kloetzli, « Au Japon, des taxis scannent les visages des passagers pour leur proposer des pub ciblées », *Usbek & Rica*, avril 2019.

2. « Orly : la reconnaissance faciale bientôt testée lors de l'embarquement », *Le Point*, octobre 2019.

Chapitre 3

La donnée, il ne faut pas la donner

On interprète une histoire en fonction de l'angle choisi par celui qui nous la raconte la première fois. Depuis les débuts d'Internet, nous sommes incités à livrer nos données, et ce sans contrepartie. Alors nous continuons de le faire, en dépit des risques parce que c'est *comme ça* qu'on a appris à faire. À chaque connexion, nous délivrons des informations sous forme d'un petit fichier qui permet d'être reconnu lorsque nous reviendrons : c'est ce qu'on appelle un cookie[1]. Tout est collecté en temps réel et associé à une identité : les interactions sur les réseaux sociaux, les recherches et paiements effectués, le rythme cardiaque, le contenu sur lequel je m'attarde ou celui de mes propres publications, mais aussi les émotions (ce qui m'agace, m'effraie ou m'émeut). Or, cette donnée est précisément celle qui rend riches les plus riches, au détriment de celles et ceux qui la créent.

1. La légende veut qu'en informatique, un cookie s'appelle ainsi en rapport aux *fortune cookies*, des biscuits renfermant un papier sur lequel est inscrit un petit message.

1. Méthode semencière n° 2

L'économiste italo-américaine Mariana Mazzucato oppose, dans l'économie globale, les *value makers* (créateurs de valeur) et les *value takers* (preneurs de valeur)[1], mettant ainsi en lumière comment l'économie justifie que les preneurs (souvent les personnes en haut de la hiérarchie économique) s'enrichissent plus que les véritables créateurs (généralement les personnes en tout début de chaîne, comme les agriculteurs, les mineurs, etc.).

Je faisais plus haut l'analogie entre l'industrie semencière et l'industrie numérique en mentionnant la méthode semencière n° 1, où les ressemblances d'organisation et de méthodes sont troublantes. Pour comprendre comment l'économie de la donnée désavantage massivement les citoyens, voyons la seconde méthode semencière.

On compte quatre grands acteurs mondiaux chez les semenciers, comme on compte plus ou moins quatre géants du numérique (GAFA) : le germano-américain Monsanto (racheté par Bayer), l'américain Pioneer Hi-Bred, le suisse Syngenta (devenu chinois en 2017) et le français Limagrain. À eux quatre, ils se partagent près de 60 % du marché mondial, rachetant à tour de bras leurs concurrents. De même que les géants du numérique, ces grandes entreprises semencières constituent un oligopole. Google concentre à lui seul 90 % des requêtes sur Internet dans le monde entier. L'audience de YouTube dépasse, de très loin, n'importe

1. Mariana Mazzucato, *The Value of Everything: Making and Taking in the Global Economy*, Penguin Books, 2018.

quelle chaîne de télévision, et Facebook totalise plus de 2,7 milliards d'utilisateurs actifs mensuels en 2020.

Plus les entreprises de l'industrie semencière grandissent et accaparent des parts de marché, plus les agriculteurs, syndicats et associations militantes dénoncent de mauvaises pratiques, la première étant la biopiraterie : dans le but d'accroître l'attractivité de leurs semences, les agriculteurs ont toujours accepté de mutualiser leurs semences avec des instituts de recherche publics, eux-mêmes financés par les grands groupes semenciers. Cela permet de classer les graines selon leur typologie. Régulièrement, les agriculteurs reçoivent d'ailleurs l'interdiction de planter certaines semences qu'ils avaient préalablement confiées à ces instituts. Car une fois qu'il est admis que la semence est viable et qu'elle présente un intérêt économique, les entreprises semencières en récupèrent la propriété intellectuelle en déposant un brevet. Si les agriculteurs veulent ensuite exploiter cette semence, il n'y a aucun problème, mais ils devront payer des redevances à l'entreprise dorénavant propriétaire. Au-delà du manque de camaraderie, on assiste à la privatisation de la biodiversité et du vivant, opérée par les grands groupes semenciers, au nez et à la barbe de tous, et en premier lieu des agriculteurs.

Ce n'est pas tout. En manipulant génétiquement les graines, les entreprises bloquent le cycle de vie des semences, ce qui les rend stériles au bout d'un certain temps. Le but ? Contraindre les agriculteurs à racheter de nouvelles graines chaque année. Peu importe qu'il leur reste du stock, celui-ci est périmé. Les géants semenciers tordent le bras aux agriculteurs, privatisent et modifient le vivant. Et ils peuvent se le permettre pour une seule raison : ils possèdent la semence[1].

Il se produit la même chose avec nos données personnelles sur Internet. En possédant nos données personnelles et en nous empêchant d'y avoir accès, les géants du numérique ont quartier libre : en privatisant la vie privée des utilisateurs, ils s'enrichissent grâce à ce qui ne leur appartient pas. Internet gratuit ? Pas vraiment. Si Internet était gratuit, Jeff Bezos, le fondateur d'Amazon, n'aurait pas vu la valeur nette de sa fortune faire un bond de 30,6 % en seulement deux mois, pendant la pandémie de Covid-19, atteignant 147,6 milliards de dollars, soit environ le PIB de la Hongrie. Et celle de Mark Zuckerberg, de plus de 45 %, ajoutant 25 milliards supplémentaires à sa fortune[2]. Dans le même temps, 47 % des Américains déclaraient avoir perdu leurs revenus depuis le début de la pandémie.

Nous sommes des créateurs de valeur, et nous laissons les preneurs de valeur s'enrichir seuls.

Nous vivons ainsi dans une sorte de kleptocratie ; modèle que nous avons parfaitement normalisé et accepté, car c'est ainsi que l'on nous a enseigné les choses. Ce dont nous avons besoin, c'est de réécrire ces récits avec plus d'équité. En c'est là que réside véritablement le progrès numérique : pas en développant plus de technologie,

1. De leur côté, les agriculteurs s'organisent afin d'accéder au droit de manipuler eux-mêmes les formules des semences afin de retrouver leur autonomie de production, mais, en attendant que les choses changent, ils n'ont d'autres choix que de se plier aux règles, avec un prix des graines qui a augmenté de plus de 400 % en une vingtaine d'années.

2. Gain enregistré entre le 18 mars et le 19 mai 2020 (« Tale of two crises : billionaires gain as workers feel pandemic pain », Americans For Tax Fairness & Institute For Policy Studies, rapport publié en mai 2020).

mais en rééquilibrant la balance dans un monde où les inégalités sociales embarrassent aujourd'hui même les économistes les plus libéraux. Alors, comment empêcher qu'une poignée de milliardaires s'enrichissent sur le dos de milliards d'utilisateurs d'Internet ? Pour commencer, il faut définir la valeur de la donnée.

2. La valeur de ce que nous sommes

Dans un décor feutré aux rideaux de velours rouge, les machines à sous se succèdent et l'on entend les pièces de monnaie clinquer. Ici, on vient dans l'espoir de s'enrichir grâce à la bonne fortune. Bienvenue à Las Datas, le casino où l'on joue avec ses données, sans quasiment jamais rien gagner. En fonction des données qu'on accepte de livrer à l'entrée (e-mail, liste d'amis sur Facebook, religion, numéro de téléphone, photos, orientation sexuelle, etc.), on obtient un seau de jetons plus ou moins rempli. Cette installation artistique française, mise sur pied en 2017 à l'occasion du Pulsar Open Art Prize, a le mérite d'attirer l'attention de ceux qui aimeraient un jour gagner le gros lot[1].

Comment s'évalue la valeur d'une donnée ? Combien d'euros est-ce que ses données pourraient rapporter à un individu ? Cet exemple très concret, celui d'un nouveau traitement contre le cancer du sang, en dit long. En 2018 a émergé une thérapie consistant à récolter les cellules immunitaires des patients et à les modifier génétiquement pour guérir la leucémie. Ce traitement a de merveilleux effets, il a permis la rémission de 83 % des

1. Installation artistique de Filipe Vilas-Boas et Albertine Meunier.

personnes traitées. Mais cela a un coût : il faudra débourser 639 000 dollars pour bénéficier du traitement[1]. Pour fabriquer ce traitement, les chercheurs se sont appuyés sur des masses de données, récupérées auprès des médecins traitants, laboratoires et établissements médicaux. Ainsi, il existe un traitement guérissant un des cancers les plus violents, élaboré sur la base de cellules et de données personnelles de dizaines de milliers d'individus, mais que la plupart de ces individus ne pourraient pas s'offrir. Il est encore impossible de calculer précisément la valeur d'une donnée ou d'un ensemble de données, mais on est sûrs d'une chose : elles valent beaucoup[2]. Ne pas être capables de capter une part de la richesse que l'on participe à créer caractérise tout bonnement une des pires injustices sociales de notre siècle. Quand j'évoque ce sujet avec des élus ou des membres du gouvernement,

1. Jonathan D. Rockoff, « The million-dollar cancer treatment : who will pay? », *Wall Street Journal*, 26 avril 2018.

2. Par ailleurs, cela fait plusieurs années déjà que Google & Co lorgnent le domaine médical et le secteur bancaire, deux réservoirs de croissance en puissance. Sur le podcast « Pivot », Scott Galloway commente : « Ils ont pressé le jus de citron médiatique. Il faut qu'ils trouvent un autre millier de milliards de dollars de capitalisation ailleurs. La santé, c'est 16 % du PIB, c'est une réserve de pétrole des temps modernes. » Tim Cook, patron d'Apple, prêche à qui veut l'entendre que c'est dans la santé que son entreprise marquera l'histoire, ce qui explique leurs équipements de capteurs de pointe comme l'électrocardiogramme réalisable depuis l'Apple Watch. Jeff Bezos dépose, l'air de rien, des assistants vocaux Alexa dans les hôpitaux et rachète un spécialiste de la livraison de médicaments à domicile. Plus récemment, Google a racheté la firme de montres connectées Fitbit pour la somme de deux milliards de dollars. En 2020, 28 millions de personnes possédaient ce gadget. Le rapprochement des deux entreprises est suivi de très près par le Comité européen de la protection des données et la Commission fédérale du commerce américaine, conscients que Google va ainsi pouvoir consolider son monopole. Ces projets sont possibles parce que ces géants disposent des données des citoyens.

des philosophes ou encore des économistes, je vois encore des regards éberlués se fixer sur moi. Chez les étudiants à qui j'enseigne, je vois des regards lucides et ambitieux. J'ai la puissante conviction que dans quelques années, le « revenu de la donnée » sera un sujet à l'ordre du jour, sur le point d'être une réalité, avec des jeunes et des moins jeunes autour d'une table, qui œuvreront en ce sens. Non seulement les citoyens ne voient pas la couleur de l'argent généré à partir de leurs données personnelles, mais, par ailleurs, nous n'avons aucun moyen de savoir exactement comment et par qui elles sont exploitées ; ce qui constitue un premier défi à relever : celui de la souveraineté citoyenne de la donnée, c'est-à-dire le fait que chaque citoyen puisse collecter et contrôler la donnée qu'il diffuse.

Pourquoi avons-nous autant de mal à concevoir que nous avons droit à notre part du gâteau ? Parce que nous pensons que l'innovation est le seul fait de quelques innovateurs. L'innovation, c'est la rencontre entre une idée (portée par une personne ou un groupe de personnes), un pays qui l'accueille et la société civile qui se prête au jeu. Personne n'innove seul et, de fait, personne n'a à s'enrichir seul d'une innovation globale.

3. Une arme pointée sur nous

La donnée nous est quotidiennement dérobée : nous la créons, mais comme nous n'avons pas les moyens de la posséder, elle enrichit ceux qui s'en emparent. Dans le précédent chapitre, nous évoquions les *dark patterns*, qui agissent sur ce que nous consommons au quotidien. Nos données personnelles sont aussi utilisées en ce sens : elles sont collectées et analysées par des organisations privées ou publiques afin de « personnaliser » l'expérience, « catégoriser » et, évidemment, surveiller[1]. Ces techniques d'analyse, capables d'identifier nos états émotionnels ou nos profils psychologiques, nous poussent non plus seulement à acheter tel ou tel produit, mais aussi à croire à une information au point de modifier nos comportements, voire influencer nos choix politiques, comme nous l'avons découvert avec le scandale Cambridge Analytica.

De la donnée dérivée aux « gangsters du numérique »

Comment passe-t-on de la collecte de données à la manipulation sociale ? Vos données personnelles, de toute nature (votre lieu de résidence, un restaurant où vous déjeunez régulièrement, votre âge, votre obédience religieuse, une publication où vous relatez votre diabète, une photo laissant apparaître un crucifix sur le mur de votre chambre, bref, n'importe quel détail de votre vie) sont associées par des algorithmes à des tendances comportementales et des modèles offrant en toute fin une représentation du corps social. On appelle cela la « catégorisation ». Admettons que vous postiez le statut sur Facebook ou en légende sur Instagram « *vegan for life* ». Ajouté à une somme d'autres points de données, vous pourriez être considéré comme un éventuel votant pour un parti politique assurant dans son programme une réduction des quotas d'abattage de bovins. À vrai dire, c'est assez facile. Des chercheurs de l'université de Cambridge ont récemment démontré qu'il était possible,

1. Claude Castelluccia, « La *datapulation* ou la manipulation par les données », INRIA, 2020.

en analysant uniquement 250 *likes*, d'établir le profil psychologique d'un internaute de manière aussi précise que le ferait son conjoint[1].

C'est ainsi que l'on passe d'une donnée brute à une donnée dérivée (ayant davantage de valeur) destinée à être monnayée. C'est comme passer de la poule vendue à l'exploitation agricole au poulet rôti vendu chez le volailler. Une fois que la donnée est transformée, le ciblage de publicités (politique ou commercial) est activé. L'internaute entre alors dans une « bulle de filtres », c'est-à-dire un état d'isolement dans lequel il reçoit sur Internet des informations uniquement ciblées en fonction de son profil.

En février 2018, Guillaume Chaslot, ex-concepteur logiciel chez YouTube (qui appartient à Google), expliquait au *Guardian* comment les algorithmes de YouTube hiérarchisent et sélectionnent le contenu proposé : plus un type de contenu est visionné, plus on proposera à l'utilisateur, et aux utilisateurs du même genre, le même type de contenu[2]. À chaque connexion, ce dernier est personnalisé, en fonction du profil psychologique établi grâce aux données collectées. Cela signifie une chose terrifiante : chaque utilisateur trouve en ligne une réalité qui lui est propre.

Mais qui se cachent derrière ces pratiques ? On les appelle les *data brokers*, des courtiers en données, tout simplement[3]. Le marché est prometteur, estimé

1. Wu Youyou, Michal Kosinski, David Stillwell, « Computer-based personality judgments are more accurate than those made by humans », *PNAS*, 27 janvier 2015.

2. « How an ex-YouTube insider investigated its secret algorithm », *The Guardian*, 2 février 2018.

3. Les courtiers sont peu connus du grand public. Ils s'appellent Acxiom, leader au niveau mondial, Equifax, Experian, Epsilon, Nielsen ou encore Oracle Data Cloud.

à 150 milliards d'euros chaque année. Ces courtiers, intouchables (ils ne travaillent qu'avec les GAFA), vivent de la revente des données dérivées, ce qui est légal car, vous en conviendrez, ces données transformées ne sont plus vraiment les vôtres.

Des données peu fiables aux biais algorithmiques, il n'y a, par ailleurs, qu'un pas pour dessiner des modèles de société qui n'en sont pas. Sur le plan de la manipulation politique par les données, le problème est d'envergure : pour Carole Cadwalladr, journaliste d'investigation britannique (qui a joué un rôle majeur dans la dénonciation des pratiques de l'entreprise Cambridge Analytica), il est aujourd'hui quasi impossible d'être sûr d'avoir des élections « propres » dans un pays[1]. Des « gangsters numériques », c'est ainsi qu'elle nomme les hommes et les femmes derrière ces entités, regrettant que, par leur faute, nous ne soyons plus capables de distinguer le vrai du faux sur les réseaux sociaux, là même où nous aimons aussi « partage[r] des souvenirs de vacances, des photos d'anniversaire, en somme, nos plus beaux moments[2] ». C'est comme si à chaque repas, on nous servait à la fois des plats empoisonnés et parfaitement sains, et qu'il fallait les distinguer à l'œil nu. « Les internautes, nous dit Jean Tirole, Prix Nobel d'économie et auteur de l'*Économie du bien commun*, devraient pouvoir faire confiance aux réglementations, comme c'est le cas dans le secteur des cartes bancaires ou la sécurité alimentaire. » En l'état actuel des choses, est-ce réellement possible ?

1. Voir *The Great Hack*, réalisé en, 2019 par Karim Amer et Jehane Noujaim, documentaire portant sur l'affaire Cambridge Analytica ayant remporté le British Academy Film Award du meilleur film documentaire.

2. Carole Cadwalladr, « It's not about privacy, it's about power », TEDx Summer Talks, 2019.

Et si l'on défendait nos droits ?

Les technologies numériques peuvent être un allié puissant pour endiguer nombre d'inégalités, mais elles peuvent aussi en ajouter. Dans une démocratie connectée, la souveraineté citoyenne des données et le revenu de la donnée ne devraient-ils pas constituer des droits fondamentaux ? En Iran, on dit que *si l'évolution ne vient pas d'en haut, la révolution viendra d'en bas*. Des militants s'organisent, à l'instar du professeur américain David Carroll, défenseur de la protection des données, pour que les entreprises privées soient davantage transparentes sur leur usage des données personnelles des utilisateurs[1]. Car l'histoire continue : si l'entreprise Cambridge Analytica a mis la clé sous la porte, elle porte aujourd'hui un autre nom, sans compter les milliers d'entreprises concurrentes plus discrètes[2]. Cambridge Analytica disposait de 5 000 points de données sur chaque utilisateur de Facebook[3]. En ce qui concerne les enfants âgés de 11 à 16 ans, ils auront laissé, en moyenne, 70 000 points de données lorsqu'ils seront adultes[4]. Les plus petits, pas encore

1. Issie Lapowsky, « One man's obsessive fight to reclaim his cambridge analytica data », *Wired Magazine*, janvier 2019.

2. « Cambridge Analytica est mort, vive Emerdata ? », France 24, mai 2018.

3. On appelle « point de donnée » n'importe quelle information isolée. Par exemple, le fait que vous vous soyez identifié dans un café hier sur Instagram constitue un point de donnée. Le fait que vous vous y soyez identifié à 11 h 45 est un autre point de donnée. Le fait que vous exprimiez un sentiment en légende de cette publication constitue un nouveau point de donnée. Et ainsi de suite.

4. « Children's Commissioner's report calls on internet giants and toy manufacturers to be transparent about collection of children's data », Children's Commissioner, novembre 2018.

en âge d'utiliser Internet mais interagissant déjà avec des jouets connectés, ne sont pas en reste. Le risque est immense que nos enfants soient immergés dans un monde complètement contrôlé par la manipulation des données.

Le World Wide Web célébrait en 2019 son trentième anniversaire. De manière symbolique, une tout autre organisation est née il y a trente ans : la Convention des droits des enfants des Nations unies. J'y ai vu un signe. Que se produirait-il si, par exemple, chaque Français signait une pétition exigeant la restitution de la totalité de ses données personnelles et que, dans l'attente, les signataires décidaient de ne plus utiliser Internet ? Plus d'interactions sur les réseaux sociaux, plus de recherches en ligne (ou limitées au strict minimum), plus aucun achat effectué en ligne… Le bras de fer risquerait de ne pas durer longtemps. Rappelez-vous que Facebook, qui avait suscité la méfiance de la part des utilisateurs et subi une campagne de boycott après le scandale de Cambridge Analytica, avait perdu, en quelques jours, 6 % de sa cote boursière, représentant 120 milliards de dollars[1]. Autre point de comparaison : une journée de mise à l'arrêt de tout Internet représenterait une perte de 547 milliards de dollars. Internet n'est pas gratuit, et ce n'est pas grave. Mais sa quête de profits ne peut se faire au détriment des droits de l'homme et de la démocratie. Pour ce faire, il faudrait une coalition mondiale, entre entreprises, gouvernements et citoyens, pour un cyberespace où l'on se sente en sécurité, respectueux des principes universels relatifs à la paix et au développement durable.

Sommes-nous prêts à porter ce projet ?

---

1. Internet Shutdown Observatory, Netblocks, 2020.

Conclusion

Vers le progrès

1. Sauvegarder notre civilisation

Parler de « sauvegarde de notre civilisation » peut paraître un peu ronflant[1]. Et il est difficile d'imaginer que la nôtre puisse disparaître, du fait de notre système de pensée occidental, construit sur le rationalisme grec, et la pensée judéo-chrétienne qui a façonné l'homme à l'image de Dieu, au centre de tout[2]. Mais réfléchissons-y un peu.

Les sociétés sont des systèmes complexes, composés de personnes et de technologies et, la plupart du temps, elles sont en grande partie responsables de leur déclin[3]. Les civilisations s'effondrent, c'est ainsi. L'Em-

1. Il n'existe, à ce jour, pas de définition stricte de « civilisation », les scientifiques s'accordent de plus en plus sur la désignation d'une société donnée avec une agriculture, des villes multiples, une domination militaire dans sa région géographique et une structure politique continue.

2. À l'inverse de la culture chinoise qui, elle, est basée que le *Qi*, l'énergie originelle où alternent le yin et le yang, les deux équilibres opposés créant la direction, le mouvement. Dans la pensée chinoise, l'univers n'a pas été créé, il est une énergie universelle et l'homme fait partie de tout ce qui existe, sur un pied d'égalité avec la fleur, la rivière et la montagne.

3. Lire le passionnant *Study of History* de l'historien Arnold Toynbee (12 volumes). Il s'agit d'une exploration de l'essor et de la chute de 28 civilisations différentes.

pire romain a souffert de nombreux fléaux (expansion à outrance, dégradation de l'environnement et gouvernance dysfonctionnelle) avant d'être définitivement expédié par l'attaque des Wisigoths, puis par celle des Vandales, en moins d'un siècle. Certaines civilisations se relèvent, comme les civilisations chinoise ou égyptienne, d'autres disparaissent pour de bon[1]. Il n'existe aujourd'hui aucun consensus scientifique sur les causes de l'effondrement d'une civilisation. Toutefois les chercheurs constatent des facteurs récurrents au cours de l'histoire : le changement climatique (entraînant mauvaises récoltes successives, famines, etc.), la dégradation environnementale, comme les déforestations, la disparition des cours d'eau ou la perte de biodiversité (on dit alors que la société dépasse la capacité de charge de son environnement) ou encore la complexité et la lourdeur de l'administration[2]. La flamboyante dynastie perse des Achéménides (le premier « empire-monde », comme la nomment les spécialistes) est devenue ingouvernable du fait de sa trop vaste étendue, de la multitude des systèmes politiques à travers les satrapies (c'est-à-dire les différentes provinces de l'Empire) et des querelles incessantes entre les eunuques qui les gouvernent. Affaiblie,

1. L'effondrement moderne d'une civilisation s'entend ici comme une perte rapide et durable de population, d'identité et de complexité socio-économique, souvent précédées par la fragilisation des services publics, l'accumulation des troubles sociaux, la perte de contrôle du gouvernement et l'avènement de la violence.

2. Pour l'expert et historien de l'effondrement Joseph Tainter, les sociétés finissent par s'effondrer sous le poids de leur propre complexité et la lourdeur de leur administration. Pour lui, les sociétés sont des collectifs réunis autour de résolutions de problèmes qui se complexifient toujours plus. Les bénéfices de la complexité finissent par atteindre un point de non-retour où les bénéfices diminuent. Passé ce point, l'effondrement finit par se produire.

la civilisation des Achéménides s'achève avec l'assassinat d'un roi distrait par l'un de ses fidèles. Ajoutons aux différents facteurs majeurs d'effondrement les inégalités sociales et le phénomène d'oligarchie (ce qui ne manque pas de nous rappeler les GAFA) : laissés pour compte et témoins impuissants de richesses toujours plus indécentes détenues par une poignée d'hommes, les citoyens tendent à se désintégrer, occasionnant alors des processus de révolte et de violence (ce qui porte prioritairement préjudice à l'environnement et aux populations vulnérables). La cliodynamique (qui vise à étudier les dynamiques historiques grâce à des modèles mathématiques), par exemple, montre bien cela : à mesure que la population augmente, l'offre de main-d'œuvre dépasse la demande, provoquant ainsi une nette baisse des salaires. Le sommet de la société s'alourdit alors, ayant pour conséquence de saper la solidarité collective, et les turbulences politiques ne se font généralement pas attendre. Voilà pour la dernière partie déprimante de ce livre.

La bonne nouvelle, c'est que la société est en mesure de retarder ou d'empêcher un effondrement par sa capacité de résilience, à apprendre des précédentes civilisations et surtout, à innover. L'histoire de l'humanité tout entière est rythmée par sa capacité à comprendre et à faire mieux grâce aux techniques et aux technologies qu'elle invente. De la « révolution cognitive » (de – 70 000 avant notre ère), qui a vu naître les premiers outils complexes (comme le propulseur permettant la chasse de plus gros gibiers ou encore l'aiguille à chas, marquant les débuts de la couture et de la protection contre le froid), à l'avènement de la métallurgie en passant par la maîtrise du feu. Plus tard arriveront la vapeur, le pétrole, l'électricité, le nucléaire puis le progrès numérique. La technologie peut permettre, comme elle l'a toujours fait, de nous prémunir de la décadence, à condition d'être utilisée avec mesure et pertinence.

2. Le dérèglement climatique est-il une aubaine ?

De bonnes pratiques et des désillusions

Les initiatives personnelles contribuent-elles à changer le monde ? Elles amorcent le changement, bien sûr, mais ne suffisent, hélas, pas à changer le statu quo. Je me suis aperçue tardivement que l'avènement d'un monde durable ne dépend pas que de la bonne volonté des individus. Pour en arriver à ce constat, il m'a fallu grandir et voir ce que j'avais du mal à regarder. Quand j'ai tout quitté pour m'investir pleinement dans la lutte écologique, je pensais qu'il s'agissait seulement de « faire le bien ». J'ai réalisé plus tard qu'il s'agissait aussi de « défaire le mal ». Mon approche rousseauiste, comme nombre d'individus qui défendent l'environnement, m'avait aveuglée : si la nature est bonne, tous les humains, faisant partie de cette nature, le sont aussi. Je n'étais pas préparée et personne ne m'avait prévenue. Mes partenaires historiques, mes collaborateurs et moi-même l'avons appris dès la création de Digital For The Planet, nous heurtant à nos premières désillusions. Nous avons cependant tiré de nombreuses leçons, et c'est une bonne chose, comme le fait qu'inventer des solutions et les mettre sur pied ne suffit pas non plus. Il faut aussi lever les barrières mises spécifiquement et à dessein sur la route du développement durable.

Dans une tribune récente, le chercheur Jean-Baptiste Fressoz constate ainsi l'émergence d'un « carbo-fascisme », désignant la volonté de certains dirigeants de la planète de délaisser la lutte pour l'environnement[1]. Ces représentants de la droite dure, qui se trouvent une affinité avec le carbone, viennent renforcer le climatoscepticisme (c'est-à-dire le fait de remettre en cause la véracité du dérèglement climatique)[2]. Parmi les carbo-fascistes les plus illustres, on compte des hommes d'État : Boris Johnson (Grande-Bretagne), Rodrigo Duterte (Philippines), Scott Morrisson (Australie), Jair Bolsonaro (Brésil) ou encore l'ancien président des États-Unis, Donald Trump[3]. Tous arguent que l'écologie est la doctrine de ceux qui préfèrent la planète aux êtres humains, contraire aux intérêts des classes populaires. Encore une fois, les plus pauvres sont précisément ceux qui ont le plus à craindre du dérèglement climatique[4]. Mais c'est ainsi que les carbo-fascistes justifient des politiques aux antipodes de la solidarité sociale et du respect environnemental. À son arrivée au pouvoir, Jair Bolsonaro n'a pas fait dans la dentelle : suppression des droits et de leurs territoires aux populations autochtones, démantèlement du ministère de l'Environnement, création d'autoroutes et de barrages au cœur de la forêt amazonienne. Quand la logique d'une action échappe à l'entendement, suivez

1. Jean-Baptiste Fressoz, « Bolsonaro, Trump, Duterte… La montée d'un carbo-fascisme ? », *Libération*, 10 octobre 2018.

2. Stéphane Foucart, *Le Populisme climatique*, Éditions Denoël, 2010.

3. Donald Trump dit tout haut que le dérèglement climatique n'existe pas. Cela ne l'a cependant pas empêché d'assurer ses parcours de golf contre la montée des eaux.

4. Le dérèglement climatique ne touche pas tout le monde de la même manière, comme aiment à le faire croire les climatosceptiques. En première ligne, on trouve les enfants et les jeunes générations (ce sont eux qui vivront dans un monde hautement carboné toute leur vie), les plus pauvres et les habitants des pays émergents.

la trajectoire de l'argent. Tout devient alors limpide. Si les climatosceptiques se donnent autant de mal pour nuire à l'écologie, c'est parce qu'ils ont beaucoup plus à gagner avec une planète malade.

Car en fait « ils savaient »

En octobre 2019, lors d'une audition à la Chambre des représentants américaine, deux anciens chercheurs de l'entreprise américaine Exxon (une des plus grandes entreprises pétrolières au monde) sont interrogés par la représentante démocrate Alexandria Ocasio-Cortez, chargée de mettre au point plusieurs scénarios sur l'évolution climatique[1]. Les scientifiques admettent qu'ils avaient prédit, dès le début des années 1980, les répercussions atmosphériques constatées aujourd'hui : en 2019, la Terre devait atteindre une concentration atmosphérique de CO_2 de 415 ppm (parties par millions) et la température moyenne aurait augmenté de 1 %[2]. « Donc, ils savaient », conclut l'élue new-yorkaise[3]. Les grands pollueurs savent depuis longtemps le risque que le monde encourt. Pour eux, le dérèglement climatique n'est pas une catastrophe, mais, au contraire, et depuis le début, une opportunité.

---

1. ExxonMobil, la plus grande compagnie pétrolière du monde, était déjà au courant du changement climatique en 1982, sept ans avant que ne survienne le naufrage du *Exxon Valdez*, superpétrolier échoué par un capitaine ivre. Il s'agit de l'une des plus grandes catastrophes écologiques de l'histoire. En dépit de tout cela, l'entreprise a dépensé plus de 30 millions de dollars au cours des vingt-sept années suivantes pour promouvoir le déni climatique, malgré les appels des Rockefeller, sa famille fondatrice.

2. Le rapport d'Exxon de 1982 montrait l'évolution du climat en indiquant les projections de niveau futur de dioxyde de carbone ainsi que le changement de température associé à celles-ci.

3. Alexandria Ocasio-Cortez, « Donc, ils savaient ! », *Le Monde*, décembre 2019.

Dans *La Stratégie du choc. La montée d'un capitalisme du désastre*, l'essayiste Naomi Klein écrit comment le capitalisme gère les crises. Il faut comprendre ici que pour créer de la croissance, des contextes de décroissance économique sont nécessaires ; comme celle que nous vivons actuellement. L'opportunité capitaliste réside dans l'équilibre entre les deux extrêmes : la croissance et la crise. Dans la finance, ne dit-on pas d'ailleurs que *les arbres ne montent pas jusqu'au ciel* ? Un adage qui signifie que lorsqu'on ne peut pas aller plus haut, il faut détruire un peu de ce qu'on a construit pour créer de nouveaux relais de croissance. Joseph Schumpeter appelle ce mécanisme « les destructions créatrices[1] ». Ainsi, les crises (financières, climatiques ou sociales) ne sont que l'opportunité de reconstruire et de dégager du profit. Les carbo-fascistes ne les craignent pas. Elles sont leur fonds de commerce et, de fait, ils y sont préparés. D'abord parce qu'ils en sont à l'abri. Ensuite, parce qu'ils ont compris qu'un effondrement est rarement aussi brutal et définitif que dans les films et l'imaginaire collectif. Rappelez-vous les grandes civilisations : leur effondrement consiste en une série de crises plus ou moins grandes qui, au fur et à mesure du temps, les fragilisent. Chaque cataclysme (une forêt qui brûle, une pandémie mondiale, une île à la merci d'une marée de pétrole, une explosion de milliers de tonnes de nitrate d'ammonium sur le port d'une ville-monde) est un coup porté à la planète, un effritement de notre société, mais aussi une nouvelle opportunité d'investir : le chômage occasionné engendre une main-d'œuvre peu chère, l'immobilier comme les entreprises

1. Joseph Schumpeter, *Capitalism, Socialism and Democracy*, Harper & Brothers, 1942.

sur le carreau perdent de leur valeur, ce qui permet de les racheter au rabais. Pour qui ne se soucie pas des gens et de l'environnement, tout cela est une très bonne nouvelle.

3. Réinventer le projet

Porter un regard objectif et sans affect sur l'écologie peut s'avérer difficile : il n'est jamais aisé de faire la critique d'une chose ou de quelqu'un qu'on aime. Toujours est-il que face au carbo-fascisme, l'écologie doit se renforcer. C'est possible si elle se recentre autour de trois fondements qui manquent souvent à l'appel[1].

L'union

Toute stratégie repose sur l'union et l'esprit d'équipe. Or, l'écologie avance encore en ordre dispersé. Une sociologue retraitée, à l'humour cynique et aux cheveux gris, que je rencontre pour les besoins de ce livre, met les pieds dans le plat : « Marchez dans la rue ! Vous y verrez des écolos des villes, qui pensent qu'il suffit de faire du vélo et acheter ses graines en vrac ou encore les partisans du vivant et de la cause animale qui vous regardent de travers si vous mangez un œuf. Il y a aussi les écologistes croissants (ceux qui souhaitent une écologie soluble dans l'économie de marché actuel) et les décroissants (ceux qui refusent tout progrès parce que la croissance nuit à la planète). Et tous ces braves gens,

1. Lire *Comment vaincre le fascisme. Écrits sur l'Allemagne, 1930-1933*, de Léon Trotsky, qui a largement inspiré le projet de réinvention que je propose dans cet ouvrage, en proposant lui-même une stratégie en trois coups pour sauver la gauche allemande.

bien entendu, ne s'entendent pas[1] ! » Par ailleurs, l'écologie n'a pas de prise sur trois types de populations : ceux qui ne se sentent pas concernés, ceux qui n'ont pas conscience de la gravité du dérèglement climatique et ceux, comme les moins aisés, qu'on manque souvent d'inclure dans les débats.

Ce matin d'automne, j'ai rendez-vous place du Palais-Bourbon avec un député écologiste. Autour d'un café, j'aborde la discussion de l'union chez les écologistes. Il me dit : « Il faudrait un livre entier pour seulement faire état de tous les partis écologistes existant en France et un autre pour détailler leurs innombrables différends. » C'est vrai qu'il y a de quoi s'y perdre. On trouve sur l'échiquier politique EELV, LRC-Cap21, le PÉ, l'UDE, l'AEI, le PA, le PPLD, le NED, Génération.s, et d'autres encore. « La moindre proposition est immédiatement contrecarrée par l'opposition, mais aussi par les autres écologistes ! » poursuit-il. Et il n'en faut pas moins pour raviver les rivalités. En juin 2019, des dizaines de personnalités scientifiques, culturelles et politiques ont appelé les partisans politiques écologistes à « prendre gare au péché d'orgueil[2] ». L'écologie politique consiste aujourd'hui en une multitude d'idées, toutes aux antipodes les unes des autres. Et c'est bien là le problème : trop d'idées, ça tue l'idéologie.

---

1. Sur le site decroissance.info, on peut lire la différence qui est faite entre développement durable et décroissance : « Ces deux notions peuvent paraître proches mais elles sont radicalement opposées… En quelques mots on peut dire que le *développement durable* cherche à concilier croissance économique et respect de l'environnement alors que la *décroissance* considère que la croissance économique est un des principaux facteurs de la destruction de notre environnement. »

2. « Convergeons ! », signé par un collectif de personnalités scientifiques, culturelles et politiques, tribune, *Libération*, juin 2019.

Ce manque d'union démobilise, pour le plus grand bonheur des carbo-fascistes. Ils auraient bien tort de s'en priver ! Une des spécialités du climatoscepticisme est d'en appeler au manque de consensus chez les chercheurs en sciences du climat au sujet du dérèglement climatique ; ne manquant pas de semer le doute chez les plus jeunes. En 2019, un tiers des 18-24 ans sont climatosceptiques en France[1]. Or l'idée que les humains sont responsables des changements climatiques récents fait aujourd'hui consensus pour plus de 95 % des scientifiques du climat dans le monde. Les anti-climat rabâchent aussi dans leurs discours le caractère imprécis, voire contradictoire des politiques publiques en matière d'écologie[2], séduisant, au passage, celles et ceux qui ne se reconnaissent pas dans le discours des écolos : allez dire à une mère célibataire de trois enfants, isolée à la campagne, qu'elle doit passer aux fruits et aux produits ménagers bio (moyennant un prix plus élevé), et que sa voiture pollue trop. J'en ai rencontré, des Français à qui il ne faut pas parler d'écologie. Pas tant qu'ils ne bouclent pas les fins de mois. Et qui peut les en blâmer ? De nombreuses propositions politiques excluent une grande part des citoyens. C'est par exemple le cas de la proposition du quota carbone ou encore celle de la taxe sur l'essence (rappelons que la révolte des Gilets jaunes a démarré à la suite de cette dernière). Penser l'écologie comme une action sociale est nécessaire, mais reste un défi. C'est en ce sens que l'économiste James Boyce propose un « dividende carbone » : redistribuer à parts égales

---

1. « Défaire le lobby climato-sceptique », rapport Greenpeace 2020.
2. Jean Mercier, « Paradoxes et contradictions dans les propositions écologistes », *Revue québécoise de science politique*, n° 25, 1994, p. 5-29.

aux citoyens les revenus de la taxe carbone prélevée chez les pollueurs, ce qui aurait le double avantage de réduire les émissions carbone et d'aider les foyers les plus pauvres. Vous vous souvenez du concept de l'imagination selon Castoriadis (partie 1) ? L'imagination radicale, c'est ce genre d'idée : sortir du schéma établi pour inventer une nouvelle voie à laquelle personne n'a pensé.

L'union est fondatrice. Il n'y a qu'à regarder comme le mouvement #MeToo a modifié la représentativité féminine. C'est d'abord l'union des femmes entre elles qui a permis l'entraide et la compassion, rendant alors ce mouvement mondial, rassemblant nombre d'hommes sensibles à ces valeurs. L'union amplifie l'écho. Elle est un bouclier qui repose sur l'impitoyable loi du nombre. Clisthène l'avait bien compris. Au VIe siècle av. J.-C., après plusieurs vagues de tyrannie, cet Athénien choisit d'unir ses forces avec celles du peuple dans le but de contrer Isagoras qui, soutenu par l'aristocratie, tente de rétablir l'oligarchie. C'est l'union qui permet à Clisthène de fonder ce à quoi nous tenons tant, la démocratie. Le mouvement écologiste tend à penser que sa raison d'être suffit à rassembler. Rien n'est moins sûr.

La vision

Quel est l'objectif de l'écologie ? Je veux dire, hormis elle-même. Qu'a-t-on réellement à y gagner ? Que fera-t-on une fois « la planète sauvée » ? L'écologie promet l'évincement des pires scénarios mais manque de dire ce qu'elle peut concrètement offrir ensuite. Son deuxième défi est donc d'assurer que le futur sera un endroit agréable pour tous ; pour consolider l'union, il faut incarner une vision. L'absence de vision décourage : on a tendance à préférer un monde bancal qu'on connaît, plutôt qu'un monde fantasmé dont on ignore tout.

Avoir une vision, c'est parler des idées plus larges que l'immédiat. Mais comment construit-on une vision quand le temps presse ? Pour la jeunesse française, les échéances des politiques publiques sont engagées sur des horizons trop lointains. Sans « petites victoires » qui jonchent la route, la motivation s'essouffle une fois encore. Quelles sont les missions prioritaires sur lesquelles nous tombons collectivement d'accord ? J'ai donc analysé quelques grandes visions qui ont impacté notre monde. Je réalise qu'elles sont souvent axées autour de trois piliers.

D'abord l'adhésion. Teun A. van Dijk écrit que « chaque nouvelle histoire arrive toujours dans un contexte établi[1] ». Une vision doit s'adapter aux perceptions des parties prenantes : elle doit prendre en compte leurs craintes, leurs espoirs et leurs considérations. Une vision a davantage de chance d'être adoptée si le public y reconnaît sa place, ses opportunités mais aussi ses responsabilités[2].

Ensuite, les ressources : une vision doit bénéficier d'un climat institutionnel favorable et disposer de fonds nécessaires pour soutenir son processus de mise en œuvre. Pour cela, elle doit être pertinente sur la forme, convaincante sur le fond et reposer sur une communication claire.

---

1. Teun A. van Dijk, « Discourse studies and hermeneutics », *Discourse Studies*, octobre 2011.

2. Dowell Mayers, Alicia Kitsuse, « Constructing the future in planning: a survey of theories and tools », *Journal of Planning Education and Research*, vol. 19, n° 3, mars 2000.

Enfin, la représentativité : une vision forte engage une large représentation des parties prenantes afin que chacun s'y sente inclus. « La force d'une bonne vision, écrit le chercheur James Throgmorton, consiste à relier des intérêts multiples[1]. »

Le bien-fondé de l'écologie est très beau, mais il ne suffit plus. Il lui manque un avenir réaliste et réalisable, emmenant avec lui le plus d'êtres humains possible : un monde moins carboné, oui. Mais aussi un monde où l'on sera heureux et épanouis. Alors comment rendre possible ce qui n'existe pas encore ? C'est là le rôle de la technologie.

La technologie

Il n'est pas rare que je sois jugée trop technologue pour les écologistes, et trop écologiste pour les technologues. Nous l'avons vu, la polarisation des extrêmes a le vent en poupe : soit on abhorre les technologies, soit elles nous fascinent. Une grande partie des écologistes regardent le monde à travers un filtre passéiste : « C'était mieux avant ! On consommait moins et la planète se portait mieux ! » C'est vrai, mais le fait est que le temps nous mène inéluctablement vers demain.

Il est vrai que le caractère industriel et métallurgique du numérique jure avec le fantasme édénien de l'écologie. Dans l'imaginaire collectif, la technologie est l'apanage des grands « pollueurs ». Pourtant, la technologie n'est pas le bras armé des industriels, elle est seulement leur propriété tacite, car personne d'autre ne s'en saisit. La technologie, tout comme la planète,

---

1. James Throgmorton, « Planning as persuasive storytelling in the context of the *network society* », *Planning Theory*, vol. 2, n° 2, 2003, p. 125-151.

est un bien commun à tous les êtres humains, à toutes les idéologies. Rappelons, à ce stade, que l'écologie est une science, au même titre que la technologie. Ce sont les technologies numériques qui rendent d'ailleurs possible la science du climat, par la modélisation informatique des données climatiques et le calcul scientifique. C'est la technologie qui permet l'amélioration de la prévision de cataclysmes ou encore la paléoclimatologie (c'est-à-dire la reconstruction des conditions climatiques passées, notamment à l'aide des données recueillies à partir des carottes de glace). Elle permet aussi la réduction d'échelle du climat ou au contraire l'utilisation de modèles à grande échelle, ce qui permet de prévoir le temps à un niveau très local, mais aussi, et c'est là que c'est intéressant, les impacts socio-économiques du changement climatique.

Il y a quelque chose de touchant dans le dégoût qu'éprouvent certains écologistes pour la technologie. Lorsque j'en discute avec eux, leur corps tout entier semble dire « laisse-moi tranquille, je ne veux pas être mêlé à ça ! » Les sourcils se froncent, le regard se détourne, les écoutilles se ferment. À chaque fois, j'ai l'impression de parler d'exorcisme à des prêtres. Le risque de l'écologie est qu'elle devienne dogmatique, une religion enfermée sur elle-même, gardée par ses croyances. Il faut reconnaître qu'il existe une part de sacré dans l'écologie ; celle qui est intimement liée à la nature. Mais l'écologie doit rester une science, un outil pour le progrès, sinon elle n'est qu'une très belle idée.

Je ne compte plus le nombre de fois où, me présentant comme la présidente de Digital For The Planet à des personnes influentes du monde des affaires, on m'a répondu : « Ah, vous faites de la *tech for good*, c'est ça ? C'est bien ! » Il ne manquait plus que la tape sur l'épaule. C'est comme si j'étais l'ouvreuse d'une salle de théâtre : tout le monde apprécie ce que je fais, j'aurais même un pourboire peut-être, mais ce n'est pas moi qu'on est venu voir.

Car les mots ont toute leur importance. L'expression *tech for good* en est la parfaite illustration. La *tech for good* est ce domaine de la technologie, en marge, à laquelle on laisse une *place-bâtarde-mais-une-place-quand-même*, comme pour se donner bonne conscience. Comme s'il fallait justifier le bon côté de la technologie. Si on va par-là, la norme est-elle donc la *tech for bad* ? Isoler la *technologie pour le bien commun* comme une catégorie à part, c'est appuyer sur l'idée que la technologie est mauvaise dans son essence. Par ailleurs, cette terminologie, qui devrait être un marqueur générationnel positif, un mouvement, tend à devenir une vitrine à *green* et *social washing*[1]. Tout ça ne sert, à la fin, pas l'idée que la technologie peut sérieusement et concrètement faire le bien… Si j'étais carbo-fasciste, c'est exactement ce que j'aurais fait pour faire fuir les écologistes du domaine de la technologie : j'aurais inventé un terme comme *tech for good*.

La technologie est, au contraire, un allié essentiel pour comprendre les phénomènes, identifier les risques, prévenir les catastrophes et planifier les actions. Elle est une défense de choix contre les actions des grands pollueurs et des lobbyings climatosceptiques. En l'état, nous acceptons un appareil numérique qui n'offre majoritairement que des services secondaires sans répondre aux sujets cruciaux de notre temps. En fait,

1. Sarah Sabsibo, « La *tech for good* est à la mode, mais qu'est-ce qui se cache derrière ? », *L'ADN*, juin 2019.

c'est comme si un médecin donnait une crème glacée à un enfant à la jambe cassée.

Pour penser l'innovation technologique à travers le prisme du progrès, il s'agit d'abord d'écoconcevoir les infrastructures physiques et logicielles, tout comme nos modes d'usage. Car il est compliqué d'adresser des solutions technologiques sur le plan environnemental et social si les outils technologiques utilisés ont, eux-mêmes, des effets délétères sur l'environnement et sur les individus. C'est en ce sens que nous travaillons chez Digital For The Planet. C'est à partir de là que l'on peut adresser des sujets d'envergure en matière d'écologie numérique. En France, un jeune diplômé a développé une technologie brevetée capable de fossiliser les déchets ménagers non recyclables en granulats minéraux, utilisables dans l'industrie du BTP. Toujours en France, une jeune entreprise a conçu un équipement de stimulation des défenses naturelles des plantes par flashs UV ; réduisant ainsi les besoins en fongicides. Des essais chez les producteurs ont permis de valider des réductions de produits phytosanitaires de 50 à 75 %. Je me rappelle encore ma rencontre avec Simon Bernard, le fondateur de Plastic Odyssey. Nous étions parmi les premiers arrivés le matin, dans l'incubateur qui nous accueillait, et nous parlions souvent de l'avenir. Aujourd'hui, Simon développe des technologies modulables à bas coût carbone pour transformer les déchets en ressources dans les pays les plus démunis et pollués du monde et y crée de l'entrepreneuriat. Il existe désormais des herbes génétiquement modifiées, absorbant cent fois plus de carbone que les herbes ordinaires : imaginons le progrès s'il en était installées dans les espaces délaissés des villes, sur les toits et les trottoirs. Nous gagnerions considérablement en qualité de vie. Parlons aussi des machines à pomper le carbone dans l'air grâce au travail métabolique d'algues puissantes captant quatre fois plus de dioxyde de carbone que les arbres (et qui permet ensuite de transformer le carbone en carburant). Enfin, Digital For The Planet travaille avec plusieurs villes de France et des partenaires technologiques sur l'approche de la chaîne de blocs (appelées *blockchain*) à bas coût carbone pour réinventer les villes, leur rapport à l'environnement permettant la proximité citoyenne et des ressources et revenus supplémentaires pour les habitants.

En juin 2019, David Rolnick, boursier postdoctoral de l'université de Pennsylvanie, lance un « appel aux armes » pour rassembler les scientifiques autour d'une cause : mettre l'apprentissage automatique des machines (l'IA) au service du développement durable[1]. Cette technologie puissante pourrait accélérer la production d'énergie, l'élimination du CO_2, la géo-ingénierie solaire mais aussi l'éducation (le défi des dix prochaines années) ou encore une réforme de la finance de sorte qu'elle soit plus équitable.

Toutefois, ces technologies ne sont pas des solutions miracles : malgré leur potentiel, elles ne peuvent pas tout résoudre. Mais pour juguler le dérèglement climatique et les inégalités sociales, il nous faut combiner toutes les solutions. Il serait mal venu d'exclure des pistes potentielles parce que les modèles ne sont pas encore parfaits : le *drastique* est l'opposé du *durable*. La technologie est ce qui permet de donner du courage aux gens, elle les rend capables d'imaginer et

1. Jacky Snow, « How artificial intelligence can tackle climate change », *National Geographic*, juillet 2019.

de concrétiser un monde plus durable en combinant monde moderne et harmonie avec la nature. À nous de l'utiliser à bon escient.

Réparer le futur

Dans un monde abîmé, comment répare-t-on le futur ? Les nouvelles technologies glissent entre les doigts de cet univers tantôt tactile, tantôt sans contact. Pour autant, doivent-elles être condamnées ? Doit-on poursuivre cette idée manichéenne selon laquelle le numérique ne peut être que bon ou mauvais ? Ne peut-on pas être légitimement déçu de ce que devient le numérique sans être, pour autant, technophobe ? Il faut rappeler que la Silicon Valley des années 1980 était la Mecque des néo-hippies, de ceux qui rêvaient. Steve Jobs, qui marchait pieds nus en mangeant des pommes, en faisait partie. Il rêvait sincèrement d'un monde plus juste. Il était intimement persuadé que connecter les personnes entre elles changerait le monde pour le meilleur. Avait-il tort ? Mark Zuckerberg, alors âgé de seulement 25 ans aux débuts de Facebook, refusait catégoriquement d'exploiter la manne publicitaire pour rendre Facebook rentable. Son seul tort n'est-il pas, finalement, d'avoir construit un empire trop jeune, commettant ainsi des erreurs de jeunesse qu'on aurait peut-être tous commises ?

S'il ne faut retenir qu'une chose de ce livre, c'est que le numérique est tout sauf un ennemi : il est seulement le reflet de nos comportements. Toutefois, il est possible qu'il en soit autrement : à l'orée des enjeux climatiques et sociaux qui nous attendent, il est aussi possible de construire un numérique social, celui de la mise en commun et de l'inclusion. Il nous faut ajouter le savoir à l'usage : c'est en diminuant la pollution numérique intellectuelle que la pollution numérique environnementale reculera. Enfin, l'impact sociétal suivra.

Il nous faudra aussi répondre à ces questions cruciales : l'espace numérique est-il un espace privé, que l'on tient dans sa main, ou est-il un bien commun ? S'il s'agit d'un bien commun, ne convient-il pas, alors, de le protéger, de la même manière que l'on protège la planète et les humains ? Sans compréhension, il n'y a pas de progrès durable. Mais ceci n'est pas aisé : il est difficile de prendre de la hauteur quand le numérique sert autant qu'il asservit. Comme Dorian Gray, qui accepte de donner son âme au diable pour rester éternellement beau, nous acceptons les conséquences négatives des technologies du numérique pour ce qu'elles nous offrent de fascinant. Rivés sur la lumière artificielle de nos écrans, nous sommes éblouis au point de ne plus y voir clair. Nous devons réapprendre à regarder sans aveuglement ni éblouissement. L'enjeu de notre temps est celui-ci : (ré)apprivoiser la lumière du jour. Réparer le futur commence par cela.

Enfin, il s'agit aussi de rester du côté des vivants. Se désaxer du centre du monde et davantage se mettre au niveau des autres écosystèmes permettrait de faire plus et mieux. Nous l'avons vu, les civilisations ne durent pas. La seule chose qui perdure reste irrévocablement les règnes végétal et animal, et ce depuis des milliards d'années. Nous pourrions ainsi développer davantage notre empathie transgénérationnelle, ce qui nous aiderait à prendre les meilleures décisions pour aujourd'hui, mais aussi pour les générations à venir.

C'est en cessant de se penser comme le centre du monde que nous accomplissons les choses les plus durables. Ce n'est pas un hasard si le mouvement environnemental s'est sensiblement amplifié après la révélation de la photo emblématique de l'astronaute Bill Anders, *Earthrise*[1], en 1968 : la première photographie de la Terre vue depuis la Lune. Elle est devenue l'une des images les plus influentes du XXe siècle, conduisant à l'institution du fameux « Earth Day »[2], célébré tous les ans. Les gens ont réalisé que nous vivions sur cette planète fragile, déclarait l'astronaute à un journaliste, et que nous devions en prendre soin. Il ajoutait : « Nous avons soudain vu cet objet appelé *Terre*. C'était la seule couleur de l'univers. » Ce qui a aussi le mérite de nous rappeler que l'art est nécessaire à tout progrès : il faut du beau à voir pour cristalliser l'espoir. Plus récemment, ce sont les documentaires, comme l'excellent *Blue Panet II*, qui a démultiplié le rejet du plastique en rappelant à l'homme la beauté sous-marine, menant ainsi des millions de personnes à réduire leur usage du plastique et forçant les multinationales à en faire autant. Le besoin et la capacité à s'émerveiller sont les bases de l'imagination. Depuis l'appartement où j'habite avec ma famille, j'écris ces dernières lignes avec, en fond sonore, *Death with dignity*, de Sufjan Stevens. Je regarde par la fenêtre donnant sur l'autre, sur la vie, et je réfléchis. Saurons-nous exploiter durablement notre pouvoir d'émerveillement pour réparer le futur technologique qui est le nôtre ? Pour devenir, un jour, de bons ancêtres, et peut-être même les Grands Ancêtres. L'avenir a besoin de nous.

1. « Levée de Terre » en français.
2. « Jour de la Terre » en français.

Remerciements

Je dédie tout d'abord ce livre à mon fils, Ulysse, que je portais dans mon ventre lorsque je l'ai écrit. À Matthieu, mon amoureux et compagnon d'échappée.

À ma famille, mon soutien le plus inconditionnel : Maman, Jade et Mehdi. Vous m'avez appris à rêver, à aimer l'ailleurs tout en me rappelant d'où je viens.

Et à toi Stéphane, tu me manques.

À Anthony Alfont, mon fidèle ami et ce depuis le premier jour. « Toi et moi, contre le reste du monde. »

À mes amis, celles et ceux qui sont tous les jours auprès de moi, celles et ceux qui sont loin. Celles et ceux à qui j'écris sans retard et celles et ceux avec qui je rate tous les trains.

À celles et ceux qui ont participé à l'histoire de Digital For The Planet. Chaque jour passé à vos côtés est un privilège.

À Louise Giovanangelli, « ma p'tite dame » ! C'est ta délicatesse qui fait de toi « une grande dame ».

Merci à Emmanuel Clerc, mon éditeur. Merci, juste, pour tout.

À celles et ceux qui, quotidiennement, m'écrivent et échangent avec moi sur LinkedIn, Facebook, Twitter ou Instagram et que je n'ai même jamais rencontrés.

À mes confrères et consœurs, celles et ceux qui s'attellent à rendre le numérique plus responsable, et vous êtes nombreux.

Je remercie le Shift Project : la lutte contre la pollution numérique doit beaucoup à vos travaux. Merci à Jean-Marc Janvovici et Hugues Ferreboeuf, je me rappelle encore notre rencontre au tout début de Digital For The Planet. Merci aussi à greenit.fr et son fondateur, Frédéric Bordage. Vos travaux m'ont toujours été d'une grande utilité. Vous m'avez fait progresser.

Merci à l'alliance Green IT, le MIR, l'Ademe, la HOP et tous ceux que je ne cite pas.

Merci à toutes les nouvelles initiatives que je vois naître chaque jour, aux entreprises, start-up qui travaillent dans le sens de l'écologie numérique et celles qui tendent à s'inscrire dans cette voie.

Merci à tou(te)s les auteur(e)s, chercheur(e)s, cité(e)s dans ce livre, de partager vos lumières avec le monde et de m'avoir accordé votre temps. Ce livre est aussi le vôtre.

Merci à Muriel Beyer et à l'équipe des éditions de l'Observatoire de m'avoir publiée et accordé leur confiance.

On continue.

Table

PARTIE 3

La pollution numérique sociétale

Composition et mise en pages
Nord Compo à Villeneuve-d'Ascq

CET OUVRAGE
A ÉTÉ ACHEVÉ D'IMPRIMER
SUR ROTO-PAGE
PAR L'IMPRIMERIE FLOCH
À MAYENNE EN FÉVRIER 2021

N° d'impression : 97709
Imprimé en France